# SCOZIA

La Guida Tascabile Definitiva | Esplora la Storia Antica, l'Arte, il Cibo e la Cultura della Scozia Imperdibili nel tuo Prossimo Viaggio

DI

MARCO MAGRINI

© Copyright 2023 - Tutti i diritti riservati.

Non è legale riprodurre, duplicare o trasmettere qualsiasi parte di questo documento in formato elettronico o stampato. La registrazione di questa pubblicazione è severamente vietata e qualsiasi archiviazione di questo documento non è consentita se non con il permesso scritto dell'editore, ad eccezione dell'uso di brevi citazioni in una recensione del libro.

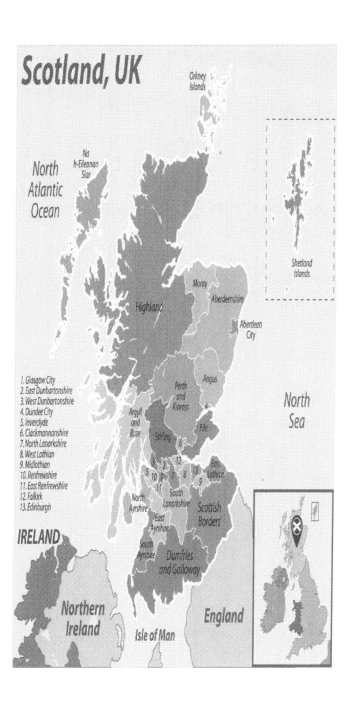

# Sommario

Introduzione .................................................. 6

**Capitolo 1. Breve panoramica storica della Scozia.**
................................................................. 12

   Beni culturali, arte e architettura ........................ 22

**Capitolo 2. Itinerari** .................................................. 25

   Mappa di Glasgow ................................................. 38

   ................................................................. 38

   Mappa di Edimburgo ............................................. 39

   ................................................................. 39

   Mappa di Aberdeen ............................................... 40

   Suggerimenti su quando è meglio visitare la città
................................................................. 41

   Precauzioni di sicurezza in Scozia ...................... 42

   Cosa evitare ........................................................ 46

**Capitolo 3. Le principali attrazioni della Scozia. 52**

   Le gemme nascoste della Scozia ........................ 62

**Capitolo 4. Cultura locale in Scozia** ................ 69

   Chiacchierando con gli esperti dello Speyside Whisky Trail ............................................. 75

   Fare il tifo per la gente del posto a un evento degli Highland Games .................................. 82

   I migliori ristoranti, bar e club della Scozia ....... 87

**Capitolo 5. Suggerimenti per evitare la folla e saltare le file** .................................................. 89

Suggerimenti sui luoghi in cui soggiornare ....... 91

Attività da fare in famiglia e cose che puoi fare gratuitamente in Scozia ......................... 97

.............................................................................. 97

Trasporti, autobus e taxi ..................................... 100

Cosa mettere in valigia e stagioni diverse per viaggiare in Scozia ............................................... 104

Fraseologia gergale scozzese ............................. 110

**Capitolo 6. Suggerimenti sul cambio valuta ..... 112**

# Introduzione

Questa guida di viaggio introduttiva ti aiuterà a pianificare il tuo viaggio e ti darà una visione approfondita di ciò che la Scozia ha da offrire.

La Scozia è nota per le sue montagne, le dolci colline, i selvaggi castelli scoscesi e i suoi laghi di acqua dolce. La storia scozzese è interessante e varia, dalla sua antica cultura gaelica al riemergere del cattolicesimo romano.

Oltre alla sua ricca storia, la Scozia ha un accento distintivo che varia notevolmente da una regione all'altra. La sua lingua, lo scozzese, è considerata la più antica delle lingue britanniche ed è usata da oltre 7 milioni di persone.

C'è anche la libertà di vagare in Scozia, il che significa che sei libero di camminare lungo la campagna e le acque interne. Questo è un ottimo modo per godersi l'ambiente naturale e la fauna selvatica. Ma tieni presente che alcune aree sono protette dalla legge e non dovresti sconfinare nella proprietà privata.

**Gli altopiani**

Le Highlands sono la zona più montuosa, panoramica e romantica della Scozia. Sede di laghi mozzafiato e aspre montagne, questa regione è perfetta per escursioni a piedi e in bicicletta, con una vasta gamma di attività disponibili.

Il paesaggio qui è dominato da alte cime montuose e da una costa frastagliata, dove le cime bianche scompaiono all'orizzonte e la fauna selvatica prospera allo stato brado. Un viaggio nelle Highlands scozzesi è un must per chi cerca un'esperienza indimenticabile tra natura e storia.

Oltre ad essere un bel posto da visitare, le Highlands offrono anche molti fatti affascinanti sulla sua storia. Queste affermazioni sono state accolte con una feroce resistenza da parte dei residenti locali. Le battaglie, i massacri e gli spargimenti di sangue che ne derivarono facevano parte della storia oscura delle Highlands.

La regione ospita alcuni dei castelli più belli e storici del paese e ci sono molti tour che partono da Inverness.

Viaggiare nelle Highlands può essere un po' scoraggiante, quindi è una buona idea prendere alcune precauzioni.

**Le pianure**

L'area è divisa da una serie di colline importanti, molte delle quali sono di origine vulcanica.

La regione delle pianure è caratterizzata da una pratica culturale ed economica diversificata, che va dalle città industriali di Glasgow ed Edimburgo alle aree agricole rurali e alle piccole città. In generale, le regioni all'interno delle Lowlands sono considerate più rurali delle Highlands.

In passato, le Lowlands erano in gran parte popolate da persone che parlavano scozzese o inglese mentre le Highlands erano abitate da parlanti gaelici. Tuttavia, dal XVII secolo questo è cambiato.

Di conseguenza, le due regioni si sono differenziate culturalmente. Coloro che vivono nelle Lowlands parlano una variante dell'inglese chiamata Lowland Scots, mentre coloro che vivono nelle Highlands parlano più probabilmente il gaelico.

Fu questa differenza culturale e linguistica che fece sì che la Scozia diventasse un paese separato dall'Inghilterra nel 1707, quando il parlamento scozzese approvò l'Atto di Unione. Ha anche fatto sì che la lingua scozzese fosse considerata la propria lingua, piuttosto che un dialetto inglese. Ciò ha portato a molti problemi in passato, comprese le cosiddette Highland Clearances.

**Le isole**

Le isole sono una parte essenziale di un viaggio in Scozia e possono offrire ai visitatori un modo unico di vivere il paese. Ma sono anche una collezione diversificata di luoghi e sono meglio esplorati scegliendo con attenzione.

Il National Islands Plan si concentra su come la Scozia può migliorare la vita delle persone che vivono nelle sue isole, con particolare attenzione alla riduzione dell'isolamento e all'aumento della loro resilienza e benessere. Sono già in corso numerose iniziative guidate dalla comunità per sostenere questi obiettivi. Questi includono programmi di recupero verde, trasporti a basse emissioni di carbonio, progetti a zero rifiuti e schemi di finanziamento della sostenibilità alimentare.

**Edimburgo**

Adagiata su una serie di colline rocciose che si affacciano sul mare, la città è costellata di monumenti ed edifici che svettano sulle scogliere, il tutto incorniciato da un paesaggio mozzafiato.

Ma la cosa più speciale di questa città è che ha un fascino vero e concreto che è difficile da trovare in altre parti del mondo. I suoi passaggi stretti e acciottolati (chiamati closes in scozzese) sono in perfetto contrasto con il trambusto delle strade principali, il che la rende la città ideale da esplorare a piedi.

Oltre ad essere la sede di innumerevoli musei affascinanti, vanta anche molti monumenti storici che vale la pena visitare. Il centro storico, patrimonio dell'UNESCO, ad esempio, è un miscuglio di caseggiati medievali che si ergono in alto lungo il Royal Mile ed è un posto meraviglioso da esplorare a piedi.

**Glasgow**

Glasgow, una città conosciuta in tutto il mondo per la sua innovazione e creatività, è un luogo eccitante da esplorare. È un ottimo posto da visitare se stai cercando un'atmosfera divertente e vivace, con persone amichevoli sempre pronte a divertirsi.

La storia della città è un affascinante mix di antico e moderno, con edifici storici lungo le strade del centro che sono sopravvissuti per secoli. Nel XVIII secolo divenne un centro commerciale internazionale e fu uno dei più grandi cantieri navali del mondo durante la rivoluzione industriale.

Con un ricco patrimonio culturale e molti importanti edifici pubblici, Glasgow è una città eccitante da esplorare per chiunque. La sua vibrante scena artistica, musicale e architettonica contemporanea è rinomata in tutto il mondo.

Per chi ama il cinema, il Glasgow Film Theatre è una tappa obbligata. Ha una fantastica selezione di film, dai classici ai film d'essai contemporanei.

Coloro che visitano la città saranno anche interessati alla sua fiorente scena musicale sperimentale, che ospita molti dei migliori DJ underground del Regno Unito. Ci sono un certo numero di locali ed etichette discografiche che si rivolgono a questo stile di musica, tra cui Sub Club, Arches e l'etichetta Soma.

**Le Isole**

Le isole britanniche sono state formate da movimenti tettonici e dall'esposizione alle glaciazioni nel corso di milioni di anni. Attualmente, le isole britanniche sono costituite dal Regno Unito (che comprende Scozia, Inghilterra e Galles) e dalla Repubblica d'Irlanda.

Diverse placche tettoniche si sono scontrate nel tempo per formare montagne in Irlanda e Scozia, con alcune delle isole che sono state esposte al ghiaccio oceanico. Questi iceberg alla fine si sono dissolti, creando le isole che vediamo oggi.

C'è una lunga storia di insediamenti da parte di diversi popoli nelle isole, e divennero parte di una rete di regni celtici che si estendevano dall'Inghilterra a sud fino alla costa irlandese a nord. La loro influenza si estese oltre l'isola della Scozia e alla fine furono governati dai vichinghi dalla Norvegia.

Una figura particolarmente notevole nella storia delle Isole Occidentali fu Somerled, che sfidò la potenza sia della Scozia che della Norvegia per fare delle isole un regno indipendente che rispondesse solo a lui. Somerled nacque intorno al 1117 e aveva un pedigree misto norreno e gaelico.

# Capitolo 1.
# Breve panoramica storica della Scozia.

Per migliaia di anni, le tribù hanno vissuto in Scozia, costruendo capanne di pietra e cacciando animali selvatici. Oggi rimane poco di quest'epoca, ma i cerchi di pietre di Stenness e Callanish ricordano queste prime società. Tuttavia, in Caledonia, o in Scozia, dovettero affrontare la resistenza di una tribù conosciuta come i Pitti. Roma costruì un muro chiamato Vallo di Adriano per cercare di tenere fuori le tribù.

# Romani

L'arrivo dei Romani in Scozia non fu facile. Per secoli, il paese è stato dominato da tribù disperse che erano inclini a feroci rivalità.

Tuttavia, l'arrivo di Roma ha riunito questi gruppi disparati in una lotta contro un nemico comune.

Nonostante ciò, vi fu una presenza occasionale di truppe romane in Scozia durante il primo e il medio secolo del primo millennio d.C. Ma anche allora non hanno mantenuto a lungo alcun territorio.

I romani alla fine si ritirarono a sud del Vallo di Adriano, lasciando la frontiera settentrionale presso l'istmo Solway-Tyne come limite del loro potere in Gran Bretagna. Abbandonarono anche la maggior parte dei loro forti nel sud della Scozia intorno al 105 d.C. La presenza delle legioni romane in Scozia potrebbe essere stata necessaria per sopprimere le ribellioni in altre parti dell'impero, ma ci sono poche prove che abbia avuto un impatto significativo sulla storia scozzese.

## Vichinghi

Nel corso di centinaia di anni, i vichinghi hanno plasmato la Scozia. Le loro incursioni e insediamenti hanno avuto un enorme impatto sulla storia del paese.

I vichinghi arrivarono per la prima volta in Scozia durante l'VIII secolo. Inizialmente si stabilirono nelle Shetland e nelle Orcadi, così come a Caithness e nelle Ebridi.

Questi insediamenti erano utili per loro perché permettevano loro di razziare aree sulla terraferma della Scozia e sulle isole occidentali.

# Edoardo I

Un re scaltro e realista, Edoardo capì che il suo successo dipendeva dal sostegno dei suoi baroni. A tal fine realizzò una serie di importanti riforme volte a tutelare i diritti dei baroni e ad aumentare il loro controllo sull'amministrazione locale.

Ha anche agito per proteggere la sua base in Inghilterra e per costruire le basi per un futuro di successo. Inoltre, ha utilizzato i parlamenti per aumentare il suo potere e ottenere il sostegno del popolo. Questi incontri erano solitamente composti da rappresentanti di contee, distretti e del clero minore.

# William Wallace

Uno degli eroi nazionali più famosi della Scozia, William Wallace guidò il suo popolo in una nobile ricerca per la libertà dall'oppressione inglese. Immortalato in Braveheart di Mel Gibson, il suo impatto sulla storia della Scozia si fa sentire ancora oggi.

La maggior parte degli storici concorda sul fatto che Wallace sia nato intorno al 1272, ma i dettagli esatti non sono chiari. Alcuni dicono che fosse il figlio più giovane di un proprietario terriero; altri credono che abbia combattuto come mercenario nelle guerre condotte da Edoardo I d'Inghilterra, quindi deve aver avuto una certa esperienza militare.

Durante il conflitto, Wallace viaggiò a nord nel nord dell'Inghilterra per guidare un attacco all'esercito inglese. Il suo piano era mostrare a Edward che se avesse spinto a sud, la Scozia avrebbe anche potuto riportare la battaglia nel proprio territorio e infliggere danni alle forze di Edward.

L'11 settembre 1297, l'esercito di Wallace attaccò gli inglesi a Stirling Bridge - uno stretto ponte che attraversava il fiume Forth - e li costrinse a ritirarsi. La strategia di Wallace gli è valsa una vittoria decisiva e gli è valso il titolo di Guardian of Scotland.

**Distanze delle Highlands**

Gli Highland Clearances furono un periodo nella storia della Scozia in cui molte persone furono espropriate della loro terra. Ciò li ha costretti a trasferirsi in altre parti della Scozia o ad emigrare all'estero, dove hanno potuto iniziare una nuova vita.

Prima dei Clearance, i clan scozzesi avevano un forte sistema di famiglia e fedeltà. Possedevano terreni nelle Highlands ed erano di proprietà del capo clan, che li affittava ai membri più poveri della famiglia tramite un tacksman (la persona che prendeva in affitto la terra da un capo clan).

I chiodini erano una parte fondamentale della società degli altipiani ed erano molto importanti nel mantenere i rapporti familiari e la cultura. Ma dopo le Highland Clearances, il sistema di clan è andato in pezzi e i bordatori non erano più necessari. Invece, furono costretti a vendere le loro terre e trasferirsi sulle coste per lavorare nelle industrie del kelp o della pesca. Questi erano commerci in forte espansione all'epoca ed erano considerati finanziariamente più redditizi dell'allevamento di pecore.

**Età dell'Illuminismo**

Nel XVIII secolo, la Scozia ha svolto un ruolo importante nell'Età dell'Illuminismo. Questo è stato un periodo di fermento intellettuale in cui sono state fatte numerose scoperte in filosofia, etica, storia, giurisprudenza, sociologia e scienze politiche.

L'Illuminismo è stato un periodo estremamente importante nella storia della Scozia poiché ha apportato miglioramenti significativi alla società e all'economia del paese. Le teorie economiche di Adam Smith furono influenti nello sviluppo del business moderno e l'invenzione della macchina a vapore ebbe un impatto drammatico sulla crescita dell'industria.

**Rivoluzione industriale**

All'inizio del XIX secolo la Scozia era un paese grande e ricco con enormi industrie minerarie e di fusione del ferro. La popolazione è aumentata notevolmente e la Scozia è stata una delle società più urbanizzate d'Europa.

Questa rapida crescita dell'industria, pur portando lavoro e ricchezza, ha imposto una forte pressione sui poveri e sulle classi lavoratrici.

La rivoluzione industriale non fu priva di critiche, compresi i cosiddetti luddisti. Ma alla fine, la rivoluzione industriale ha trasformato la Scozia, creando un paese moderno.

**La seconda guerra mondiale**

Ha innescato un'enorme ansia, sofferenza e perdita e ha colpito la popolazione del paese sia a livello personale che nazionale.

I bambini sono stati evacuati da paesi e città, con alcuni alloggiati in famiglie affidatarie per aiutarli ad adattarsi alla vita lontano da casa. La guerra ha colpito anche l'economia del paese, con la chiusura delle fabbriche e la ristrutturazione delle industrie.

Furono prese una serie di importanti misure di difesa, come il rafforzamento della costa nord-orientale e l'installazione di batterie costiere nelle Orcadi.

## Indipendenza scozzese

La Scozia ha una lunga storia di straordinaria crescita e cambiamento. L'evento importante nella storia della Scozia fu la lotta per l'indipendenza. Nel 1320 un gruppo di baroni scozzesi inviò una lettera a Papa Giovanni XXII che affermava l'indipendenza della Scozia dall'Inghilterra.

È stato un evento epocale che ha cambiato per sempre il futuro della Scozia. In quanto nuovo paese indipendente, la Scozia dovrebbe affrontare questioni economiche come la disuguaglianza e il cambiamento climatico. La sua banca centrale potrebbe essere limitata nella misura in cui potrebbe influenzare queste politiche senza una nuova valuta, e le sue finanze pubbliche potrebbero dover affrontare gli stessi vincoli di altri paesi.

**Beni culturali, arte e architettura**

La Scozia ha un patrimonio culturale e artistico ricco e diversificato che si è evoluto nel corso di molti secoli. Ecco alcuni aspetti chiave del patrimonio culturale e artistico della Scozia:

- Musica: la Scozia è rinomata per la sua musica tradizionale, che include cornamuse, violini e fisarmonica. Il paese ha anche una forte storia di musica classica, con compositori come James MacMillan e Thea Musgrave.

- Arti visive: la Scozia ha una vivace scena artistica contemporanea, con istituzioni come la National Galleries of Scotland e la Scottish National Gallery of Modern Art che mettono in mostra il lavoro di artisti scozzesi e internazionali.

- Danza: il paese ha anche una fiorente scena di danza contemporanea, con compagnie come lo Scottish Ballet e lo Scottish Dance Theatre.

- Teatro: drammaturghi scozzesi come David Greig e Liz Lochhead hanno ottenuto fama internazionale.

- Film: la Scozia ha una ricca storia cinematografica, con film classici come "Braveheart" e "Trainspotting" girati nel paese. Più di recente, produzioni come "Outlander" e "The Crown" sono state girate in Scozia.

Nel complesso, il patrimonio culturale e artistico della Scozia è una testimonianza della ricca storia e della continua creatività del paese. La Scozia, situata nella parte settentrionale del Regno Unito, ha una ricca storia, una cultura unica e un'architettura distintiva. In questa risposta, esploreremo ciascuno di questi aspetti in modo più dettagliato.

**Storia:**

La storia documentata della Scozia risale al IV secolo, quando i Romani invasero l'area. Nel corso del tempo, vari gruppi, tra cui i Pitti, i Celti e i Vichinghi, hanno lasciato il segno sulla terra. La Scozia divenne un regno unificato nel IX secolo sotto il re Kenneth MacAlpin. Durante il Medioevo, la Scozia conobbe notevoli disordini politici e conflitti militari, comprese le guerre con l'Inghilterra.

Nel XVIII secolo la Scozia conobbe un periodo di rapida industrializzazione, con importanti progressi nella produzione di tessuti, ferro e carbone. Il paese divenne uno dei principali attori dell'impero britannico e diede un contributo significativo ai campi della scienza, dell'ingegneria e della medicina. Tuttavia, la Scozia ha anche dovuto affrontare sfide, tra cui povertà, disordini politici ed emigrazione.

**Cultura:**

La Scozia ha un ricco patrimonio culturale che include musica, danza, letteratura e arte. Forse il simbolo culturale più iconico della Scozia è la cornamusa, uno strumento musicale che è stato suonato in Scozia per secoli. Il paese è anche noto per le sue danze tradizionali, tra cui l'avventura delle Highland e la danza della spada.

**Architettura:**

La Scozia ha una ricca storia architettonica che abbraccia diversi secoli. Alcuni degli edifici scozzesi più iconici includono il Castello di Edimburgo, il Castello di Stirling e il Castello di Eilean Donan. Questi castelli furono costruiti durante il Medioevo e servirono come centri di potere e difesa militare.

La Scozia ospita anche molti esempi di architettura gotica, tra cui la Cattedrale di Glasgow e la Cattedrale di St. Giles a Edimburgo. Il paese ha anche molti esempi di architettura vittoriana, tra cui la Glasgow School of Art e lo Scott Monument a Edimburgo. Inoltre, la Scozia ha una ricca tradizione di costruzione di circoli di pietre e altre strutture preistoriche, come le Callanish Stones sull'isola di Lewis.

In conclusione, la Scozia ha una ricca storia, una cultura unica e un'architettura distintiva. Dal suo turbolento passato ai suoi contributi alle arti e alle scienze, la Scozia continua a essere una parte affascinante e importante del panorama culturale mondiale.

# Capitolo 2. Itinerari

Per sfruttare al massimo il tuo viaggio in Scozia, è importante pianificare le tue giornate e dare la priorità ai luoghi e alle attività che desideri vivere. Ecco alcuni itinerari dettagliati per viaggi di diversa durata per aiutarti a organizzare al meglio le tue giornate in Scozia.

**Itinerario di 3 giorni:**

Giorno 1:

Esplora Edimburgo: visita il castello di Edimburgo, passeggia lungo il Royal Mile e ammira l'architettura della cattedrale di St Giles.

Sali su Arthur's Seat: goditi la vista panoramica della città da questa iconica collina.

Giorno 2:

Visita Stirling: visita il Castello di Stirling e il Wallace Monument.

Attraversa il Loch Lomond e il Trossachs National Park: fai un giro panoramico attraverso questa bellissima zona.

Giorno 3:

Fai una gita di un giorno all'isola di Skye: visita le Fairy Pools, l'Old Man of Storr e il Quiraing.

**Itinerario di 5 giorni:**

Giorno 1:

Esplora Edimburgo: visita il castello di Edimburgo, passeggia lungo il Royal Mile e ammira l'architettura della cattedrale di St Giles.

Sali su Arthur's Seat: goditi la vista panoramica della città da questa iconica collina.

Giorno 2:

Fai una gita di un giorno a St Andrews: visita il castello e la cattedrale di St Andrews e gioca a golf all'Old Course.

Giorno 3:

Visita Stirling: visita il Castello di Stirling e il Wallace Monument.

Attraversa il Loch Lomond e il Trossachs National Park: fai un giro panoramico attraverso questa bellissima zona.

Giorno 4:

Fai una gita di un giorno all'isola di Skye: visita le Fairy Pools, l'Old Man of Storr e il Quiraing.

Giorno 5:

Esplora Glasgow: visita la Cattedrale di Glasgow, la Kelvingrove Art Gallery and Museum e il Glasgow Science Centre.

**Itinerario di 7 giorni:**

Giorno 1:

Esplora Edimburgo: visita il castello di Edimburgo, passeggia lungo il Royal Mile e ammira l'architettura della cattedrale di St Giles.

Sali su Arthur's Seat: goditi la vista panoramica della città da questa iconica collina.

Giorno 2:

Fai una gita di un giorno a St Andrews: visita il castello e la cattedrale di St Andrews e gioca a golf all'Old Course.

Giorno 3:

Visita Stirling: visita il Castello di Stirling e il Wallace Monument.

Attraversa il Loch Lomond e il Trossachs National Park: fai un giro panoramico attraverso questa bellissima zona.

Giorno 4:

Fai una gita di un giorno all'isola di Skye: visita le Fairy Pools, l'Old Man of Storr e il Quiraing.

Giorno 5:

Esplora Glasgow: visita la Cattedrale di Glasgow, la Kelvingrove Art Gallery and Museum e il Glasgow Science Centre.

Giorno 6:

Visita Inverness: fai un giro panoramico attraverso il Cairngorms National Park e visita il campo di battaglia di Culloden e Clava Cairns.

Giorno 7:

Fai una gita di un giorno all'isola di Mull: visita il castello di Duart, l'isola di Iona e la grotta di Fingal.

**Itinerario di 14 giorni**

Giorno 1: Edimburgo

Inizia la tua avventura scozzese nella capitale del paese, Edimburgo. Esplora il centro storico con le sue strade tortuose e il famoso Royal Mile. Visita il Castello di Edimburgo, arroccato su una collina che domina la città, e l'iconica Cattedrale di St Giles. Passeggia nell'affascinante zona di Grassmarket e gusta un pasto tradizionale scozzese in uno dei suoi numerosi ristoranti.

Giorno 2: Sant'Andrea

Dirigiti a nord verso l'affascinante città di St Andrews, sede del famoso campo da golf e dell'università più antica della Scozia. Passeggia lungo la pittoresca spiaggia ed esplora le rovine della Cattedrale di St Andrews e del Castello di St Andrews. In serata, goditi un drink al famoso Dunvegan Hotel, frequentato sia da golfisti che da gente del posto.

Giorno 3: Inverness

Viaggia a nord verso Inverness, la capitale delle Highlands scozzesi. Fai un giro panoramico lungo le rive di Loch Ness e tieni d'occhio il mitico mostro. Esplora il centro storico della città, tra cui il castello di Inverness e l'imponente cattedrale di Sant'Andrea. In serata, assaggia del whisky locale in una distilleria vicina.

Giorno 4: Isola di Skye

Fai una gita di un giorno all'isola di Skye, nota per i suoi paesaggi mozzafiato e la costa frastagliata. Fermati all'iconico castello di Eilean Donan prima di attraversare il ponte per l'isola. Visita il pittoresco villaggio di Portree ed esplora i paesaggi aspri dell'isola, tra cui l'Old Man of Storr e il Quiraing.

Giorno 5: Parco nazionale di Cairngorms

Dirigiti a est verso il Cairngorms National Park, sede di alcuni dei paesaggi più spettacolari della Scozia. Fai un'escursione attraverso il drammatico paesaggio di montagne, foreste e laghi del parco. La sera, rilassati in uno degli accoglienti lodge del parco o gusta un pasto in uno dei suoi numerosi ristoranti locali.

6° giorno: Aberdeen

Visita la città di Aberdeen, conosciuta come la "città del granito" per i suoi numerosi edifici in pietra grigia. Esplora il centro storico della città, tra cui la Cattedrale di San Machar del XIII secolo e il famoso Marischal College. Fai una passeggiata lungo la spiaggia e gusta del pesce fresco in uno dei ristoranti locali.

Giorno 7: Perthshire

Viaggia a sud verso il Perthshire, noto come "Big Tree Country" per le sue bellissime foreste e boschi. Visita il famoso campo da golf di Gleneagles o fai un'escursione attraverso la pittoresca campagna. In serata, rilassati in una vicina spa o gusta un pasto in uno dei tanti ristoranti gourmet della zona.

Giorno 8: Stirling

Visita la storica città di Stirling, situata nel cuore della Scozia. Esplora il castello di Stirling, uno dei siti storici più importanti della Scozia, e il vicino Wallace Monument, che commemora la vita dell'eroe scozzese William Wallace. Fai una passeggiata nell'incantevole centro storico e gusta la cucina locale.

9° giorno: Glasgow

Visita la città più grande della Scozia, Glasgow, nota per la sua vibrante scena artistica e culturale. Esplora i numerosi musei e gallerie della città, tra cui la Kelvingrove Art Gallery and Museum e il Riverside Museum. La sera, goditi un po' di musica dal vivo in uno dei tanti locali della città.

Giorno 10: Loch Lomond e il Parco nazionale dei Trossachs

Fai un giro fino a Loch Lomond e al Trossachs National Park, noto per i suoi splendidi laghi, montagne e foreste. Fai un giro in barca sul Loch Lomond o fai un'escursione attraverso la splendida campagna. La sera, gusta un pasto in uno dei tanti accoglienti pub e ristoranti del parco.

Giorno 11: Oban

Visita la località balneare di Oban, conosciuta come la "Porta delle Isole". Prendi un traghetto per una delle isole vicine, tra cui Mull, Iona o Staffa.

In alternativa, esplora l'affascinante porto della città e visita la famosa Oban Distillery, che produce alcuni dei whisky più famosi della Scozia.

Giorno 12: Fort William

Visita la città di Fort William, situata ai piedi del Ben Nevis, la montagna più alta della Scozia. Fai un giro panoramico lungo la famosa Road to the Isles e visita lo splendido viadotto di Glenfinnan, famoso per la sua apparizione nei film di Harry Potter. In serata, rilassati in una vicina spa o gusta la cucina locale.

Giorno 13: Perth

Visita la città di Perth, situata sulle rive del fiume Tay. Esplora il centro storico della città, incluso il bellissimo St John's Kirk e il Perth Museum and Art Gallery. Fai una passeggiata lungo il fiume e gusta la cucina locale in uno dei tanti ristoranti della città.

Giorno 14: Piffero

Esplora la bellissima regione di Fife, situata appena a nord di Edimburgo. Visita i pittoreschi villaggi di pescatori di Anstruther e Crail e gusta del pesce fresco. Fai una passeggiata lungo la bellissima spiaggia di St Andrews o visita la storica città di Dunfermline, un tempo capitale reale della Scozia.

Questo itinerario di 14 giorni offre un tour vario ed emozionante della Scozia, con qualcosa per tutti, dalle storiche città di Edimburgo e Stirling alle aspre terre selvagge delle Highlands scozzesi e alle splendide coste di Fife e Oban.

Questi itinerari possono essere adattati ai tuoi interessi e alle tue preferenze, ma forniscono un buon punto di partenza per pianificare il tuo viaggio in Scozia.

# Mappa di Glasgow

# Mappa di Edimburgo

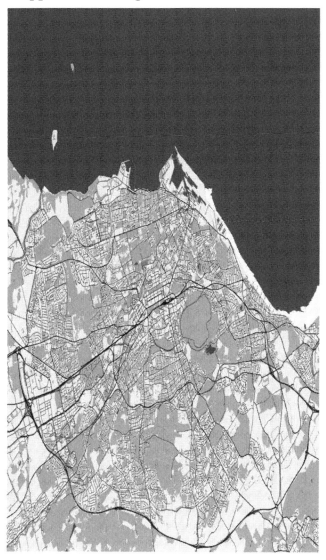

# Mappa di Aberdeen

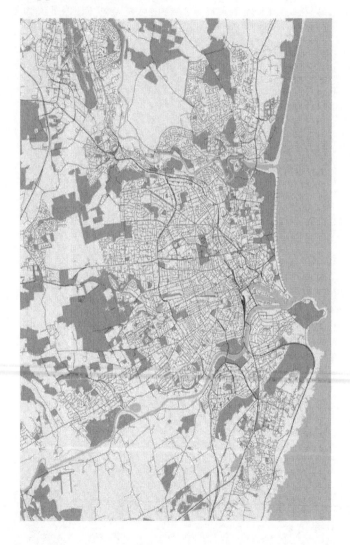

**Suggerimenti su quando è meglio visitare la città**

Il momento migliore per visitare la città è quando non ci sono troppe persone in giro. Questo perché la folla può diventare un fastidio e non vuoi trascorrere le tue vacanze bloccato in fila per ore solo per entrare!

Per ridurre al minimo questi fastidi, prenota i tuoi biglietti online o in anticipo. Alcune attrazioni offrono anche biglietti salta fila.

Primavera (marzo-maggio) e autunno (settembre-novembre): queste stagioni offrono uno splendido scenario con fioriture colorate in primavera e fogliame autunnale in autunno. Il tempo può essere imprevedibile, ma in genere è più mite dell'inverno, il che lo rende un ottimo momento per esplorare i castelli, i musei e le gallerie del paese. È anche un buon momento per visitare le Highlands e le isole quando la folla è meno affollata ei prezzi degli alloggi sono più bassi.

La primavera è un ottimo momento per viaggiare per molte ragioni. È il momento ideale per vedere fiori e alberi in fiore, ed è una buona occasione per visitare destinazioni che non sono così affollate come nelle altre stagioni. È anche un buon momento per risparmiare su voli e alloggio, quindi può essere il momento perfetto per pianificare la tua prossima avventura!

Un'altra cosa da considerare è il tempo. Ti consigliamo di controllare il clima locale e mettere in valigia alcuni strati di vestiti. Ad esempio, se stai visitando una zona con un clima freddo e piovoso, allora è meglio portare una giacca leggera e un ombrello per ogni evenienza.

Estate (giugno-agosto): questa è l'alta stagione turistica in Scozia, con lunghe ore diurne e clima mite. È il momento migliore per visitare la città se vuoi esplorare la natura all'aria aperta del paese e goderti attività all'aria aperta come l'escursionismo, il ciclismo e l'osservazione della fauna selvatica. È anche il periodo in cui si svolgono molti festival, come l'Edinburgh Festival Fringe, il Royal Highland Show e lo Scottish Traditional Boat Festival.

L'inverno è un periodo meraviglioso per visitare molte destinazioni nel mondo, in quanto offre bel tempo, tariffe di bassa stagione e la possibilità di provare alcune delle migliori attrazioni turistiche del paese.

Inverno (dicembre-febbraio): l'inverno è il periodo meno popolare per visitare la Scozia a causa del clima freddo e delle ore diurne più brevi. È anche un ottimo momento per visitare le città scozzesi e godersi le festività natalizie, tra cui Hogmanay, la celebrazione del capodanno scozzese e Burns Night, che onora il famoso poeta Robert Burns.

È essenziale controllare le previsioni del tempo e pianificare il tuo itinerario di conseguenza per sfruttare al meglio il tuo viaggio.

**Precauzioni di sicurezza in Scozia**

La sicurezza è sempre una preoccupazione quando si viaggia in un nuovo paese, ma la Scozia è uno dei posti più sicuri in Europa. Il tasso di criminalità è molto basso, soprattutto nelle grandi città come

Edimburgo e Glasgow, e ci sono molte precauzioni che puoi prendere per garantire la tua sicurezza mentre visiti la Scozia.

**1. Tieni al sicuro i tuoi effetti personali**

Non si può negare che viaggiare in Scozia può essere stressante se i tuoi effetti personali importanti vengono smarriti o rubati. Ecco perché è sempre una buona idea prendere precauzioni di sicurezza mentre sei in giro.

Se stai cercando modi per tenere al sicuro le tue cose, una delle strategie più efficaci è dividerle tra più borse e tasche. Puoi farlo con il portafoglio, i documenti di viaggio e persino la fotocamera! È anche una buona idea portare con sé un caricabatteria aggiuntivo per ricaricare i dispositivi mentre si è in giro.

Puoi anche aggiungere una tasca alla tua borsa da viaggio in modo da poter conservare passaporto, contanti e carte di credito. In questo modo sarà più facile accedere ai tuoi oggetti senza dover aprire la borsa ogni volta.

Per quanto riguarda cosa indossare durante la visita in Scozia, è una buona idea investire in abbigliamento di qualità. Questo può includere una giacca di lana, un cappello o una sciarpa. Questi ti terranno caldo, asciutto e leggero.

**2. Non vagare senza meta**

Quando sei in Scozia, è importante tenere a mente le precauzioni di sicurezza.

Ciò è particolarmente vero se hai intenzione di fare escursioni, in quanto può essere pericoloso per i viaggiatori che non hanno familiarità con il terreno.

Se sei un viaggiatore che ama la vita all'aria aperta, dovresti assolutamente considerare di visitare la Scozia.

### 3. Non fare escursioni da solo

L'escursionismo può essere un ottimo modo per vedere i paesaggi mozzafiato della Scozia, ma è importante conoscere i propri limiti. Assicurati di essere fisicamente in forma e in grado di gestire un'escursione a lunga distanza e di essere sempre preparato per i cambiamenti meteorologici. Non è per i deboli di cuore, ma è un must per ogni camminatore che vuole entrare in contatto con la natura.

### 4. Non stare troppo vicino all'acqua

Se hai intenzione di visitare la costa mentre sei in Scozia, è importante evitare di stare troppo vicino all'acqua. Le onde nel Nord Atlantico possono essere grandi e inaspettate, quindi è meglio stare in un'area sicura dove puoi andartene se si alza un grande moto ondoso.

Oltre ad essere un luogo ideale per escursioni ed esplorazioni, la Scozia è anche nota per le sue spiagge selvagge. Questo lo rende una destinazione popolare per i viaggiatori che vogliono trascorrere del tempo all'aria aperta senza doversi preoccupare della sicurezza.

Un altro ottimo modo per godersi la vita all'aria aperta in Scozia è fare un giro in barca. Che si tratti di Loch Ness, uno dei laghi più famosi della Scozia, o dell'isola di Skye, questo è un ottimo modo per vedere alcuni dei paesaggi più belli del paese.

Quando viaggi nelle Highlands, fai attenzione sulle strade a binario unico. Queste strade sono spesso strette e tortuose. È essenziale comprendere le leggi e gli standard di guida locali in modo da non finire in un incidente.

**5. Non bere alcolici**

Può compromettere il giudizio, la coordinazione e il tempo di reazione, il che aumenta il rischio di incidenti e lesioni.

Molte persone non ci pensano, ma ci sono molti posti in Scozia che non ti permettono di bere. Ciò include bar, ristoranti e club. Se non sei sicuro di poter bere in un determinato luogo, verifica prima con il governo locale.

**6. Non sconfinare**

Se hai intenzione di andare in vacanza in Scozia, assicurati di seguire tutte le precauzioni di sicurezza mentre sei nel paese. Una di queste precauzioni consiste nel non sconfinare nella proprietà altrui.

In alcuni casi, la violazione di domicilio può essere considerata un reato penale e la persona che viola la violazione può essere accusata. Questo di solito accade quando qualcuno entra in una proprietà privata o in un luogo dove non gli è permesso stare, come un negozio o un parco cittadino.

Un trasgressore è solitamente accusato del terzo grado di violazione di domicilio, che comporta una pena massima di sei mesi di carcere. Lo Scottish Outdoor Access Code fornisce indicazioni sia ai proprietari di terreni che ai membri del pubblico su come dovrebbero comportarsi quando accedono alla terra. Ciò include il rispetto della privacy e della tranquillità delle altre persone, oltre a fare attenzione a non danneggiare l'ambiente.

## 7. Non lasciare il passaporto nella tua camera d'albergo

Se viaggi in Scozia con un passaporto di un altro paese, è importante verificare se hai bisogno di un visto prima di partire.

Se hai intenzione di visitare la Scozia per motivi di lavoro o di studio, dovresti richiedere un visto prima del viaggio per assicurarti che il tuo ingresso sia concesso. Questo può essere fatto online o di persona presso l'ambasciata.

Per evitare di essere derubati, tieni il passaporto al sicuro nella tua camera d'albergo e porta con te una fotocopia quando esci. Inoltre, non lasciare grandi somme di denaro nel bagaglio quando non sei in hotel.

## Cosa evitare

Dall'escursionismo nelle Highlands al gustare una barretta di cioccolato fritto, ci sono così tante cose che puoi fare mentre visiti questo bellissimo posto!

## 1. Non pianificare in anticipo

Pianificare in anticipo significa prenotare un alloggio in anticipo e cercare le migliori offerte per il tuo viaggio. Questo ti darà anche maggiori possibilità di ottenere le migliori offerte su attrazioni e attività durante la tua visita.

Un altro ottimo consiglio è quello di controllare online gli orari di tutti i servizi che utilizzerai durante il tuo soggiorno in Scozia. Questo ti aiuterà a evitare lunghi viaggi o rimanere bloccato sulla strada per ore e ore.

Infine, è importante ricordare che la Scozia è un paese ricco di esperienze e luoghi unici. Questo lo rende un posto molto speciale da visitare.

Sia che tu stia cercando di visitare gli altopiani o di esplorare Edimburgo, la Scozia ha qualcosa per tutti. Che tu sia appassionato di escursioni, di esplorazione di siti storici o di cimentarti nella danza degli altipiani o nell'haggis hurling, in Scozia ce n'è per tutti i gusti.

**2. Non portare l'attrezzatura giusta**

Se hai intenzione di viaggiare in Scozia, è importante portare l'attrezzatura giusta. Questo ti assicurerà di avere tutto ciò di cui hai bisogno pur rimanendo comodo e caldo. Risparmierai anche sull'alloggio e sul gas.

Ad esempio, se stai andando in campeggio o facendo lunghe escursioni, è meglio mettere in valigia una tenda e un sacco a pelo invece di acquistare questi oggetti durante il viaggio. Questo non solo ti farà risparmiare denaro, ma aiuterà anche il pianeta.

Un altro equipaggiamento fondamentale da portare durante il tuo viaggio in Scozia è uno zaino. Questo renderà il trasporto di tutti i tuoi oggetti essenziali molto più facile! Potrai trasportare bottiglie d'acqua, snack, una macchina fotografica e molto altro in una pratica borsa.

Un cappello e una sciarpa sono anche essenziali per viaggiare in Scozia in quanto ti proteggeranno dal tempo ventoso. Sono anche un ottimo modo per aggiungere un tocco di stile al tuo abbigliamento.

Dovresti anche portare una bottiglia d'acqua leggera, soprattutto se stai facendo molte escursioni o camminate. Una bottiglia d'acqua pieghevole è una buona scelta perché è leggera e si ripiega facilmente quando non la usi.

### 3. Non fare i bagagli per il maltempo

La Scozia è una terra meravigliosa, piena di meraviglia e bellezza ad ogni angolo. I suoi paesaggi lussureggianti, le imponenti montagne e le selvagge spiagge bianche ne fanno una destinazione imperdibile per chiunque viaggi nel Regno Unito.

Ma il tempo in Scozia può cambiare rapidamente e spesso, rendendo fondamentale fare le valigie per il tempo durante il viaggio. Questo è particolarmente importante se hai intenzione di esplorare la vita all'aria aperta, dove la pioggia e il vento possono portare un po' di freddo alla tua vacanza.

Vale anche la pena aggiungere una giacca antipioggia impermeabile alla tua lista di imballaggio della Scozia, poiché questo è un capo che non vorrai perderti! Oltre ad essere estremamente utile sotto la pioggia, questa giacca ti aiuterà a tenerti al caldo e al caldo mentre combatti anche contro i brividi.

Se hai intenzione di trascorrere molto tempo all'aria aperta, assicurati di mettere in valigia anche cappello e guanti. Il freddo può essere brutale in Scozia e vorrai proteggere il più possibile la tua testa dalle intemperie.

Allo stesso modo, assicurati di portare con te un repellente per insetti. Esistono diversi bug comuni in tutta la Scozia e probabilmente sarai esposto a loro mentre sei in vacanza.

Sia che tu stia andando in Scozia per una fuga romantica o per l'avventura di una vita, assicurarti di mettere in valigia gli articoli giusti contribuirà a garantire che il tuo viaggio sia privo di stress e memorabile!

**4. Non cercare le migliori offerte**

Ci sono molti modi per risparmiare denaro mentre si viaggia in Scozia, dall'utilizzo dei mezzi pubblici invece di noleggiare un'auto o prendere un taxi alla ricerca di camere d'albergo economiche. Questi suggerimenti possono aiutarti a evitare spese inutili e sfruttare al massimo il tuo tempo in questo bellissimo paese.

Un altro modo per risparmiare sul soggiorno in hotel è prenotare in anticipo. Idealmente, dovresti prenotare almeno 67 giorni prima dell'inizio del tuo viaggio per assicurarti di ottenere l'offerta migliore per la tua camera d'albergo.

Per cenare fuori, è importante cercare offerte per il pranzo in quanto possono essere molto più economiche della cena. Un pasto di due o tre portate in un ristorante può costare fino a PS20-25 durante l'ora di pranzo, il che rappresenta un notevole risparmio rispetto alla cena.

È anche una buona idea portare con sé una carta di viaggio, di debito o di credito in modo da poter pagare per soggiorni in hotel, cibo e gas senza incorrere in commissioni per transazioni estere. La carta di credito Capital One VentureOne Rewards è un'ottima opzione che non addebita queste commissioni quando la fai scorrere.

### 5. Non usufruire degli abbonamenti

Se vuoi risparmiare tempo e denaro mentre viaggi in Scozia, devi cercare i pass di viaggio. Questi sono disponibili per coprire treni, autobus e traghetti e di solito includono diversi giorni di viaggio.

Puoi ottenere questi pass nella maggior parte delle stazioni ferroviarie scozzesi e possono essere molto utili per coprire più città se hai intenzione di visitare più luoghi. Puoi anche acquistare questi pass in anticipo per risparmiarti il fastidio di acquistare i biglietti in ogni stazione al tuo arrivo.

Oltre a utilizzare un abbonamento, dovresti anche cercare le tariffe non di punta sui treni ScotRail. Queste tariffe sono meno costose durante la settimana e possono essere trovate cercando sul loro sito web.

Un altro modo per risparmiare sui trasporti in Scozia è prendere gli autobus anziché i treni. Spesso puoi trovare un biglietto Megabus per una frazione del prezzo di un biglietto del treno e spesso puoi ottenere queste tariffe prenotandole in anticipo.

### 6. Non partecipare a una visita guidata

La Scozia è un paese bellissimo e c'è così tanto da vedere. Partecipare a una visita guidata è un ottimo modo per vedere la Scozia al meglio, poiché sono esperti nella loro zona e possono condividere con te tutte le principali attrazioni scozzesi.

La bellezza di una visita guidata è che avrai la tua guida locale che conoscerà tutte le gemme nascoste e ti racconterà tutte le storie dietro i luoghi che visiti. Saranno anche in grado di rispondere a qualsiasi domanda tu possa avere sulla storia, la lingua e le usanze della Scozia.

Un'altra cosa grandiosa delle visite guidate è che di solito sono molto convenienti. Sono molto più economici rispetto al noleggio della tua auto e spesso includono tutti i costi di assicurazione, carburante e parcheggio per te.

Oltre a farti risparmiare sui viaggi, fare un tour in pullman ti permetterà di goderti i paesaggi mozzafiato durante il tuo viaggio. Sarai in grado di guidare su e giù per le montagne e vedere le splendide viste sul mare mentre procedi.

Infine, le visite guidate sono un ottimo modo per risparmiare sul cibo. Sarai in grado di acquistare molti pasti nei supermercati economici e potrai persino ottenere delle belle specialità per il pranzo in alcuni ristoranti.

# Capitolo 3.
# Le principali attrazioni della Scozia

Possente fortezza e attrazione turistica di fama mondiale, il Castello di Edimburgo domina lo skyline scozzese. Ha una lunga storia, con innumerevoli assedi e battaglie nel corso degli anni.

I visitatori possono esplorare i vari punti salienti di questa possente fortezza in una visita guidata. Oltre a conoscere la sua storia, i viaggiatori potranno sperimentare splendide viste panoramiche della città da questo punto di osservazione.

## 1. Cappella di Santa Margherita

La cappella di St. Margaret è una gemma nascosta situata a Edimburgo, in Scozia. La cappella si trova all'interno dei terreni del Castello di Edimburgo e prende il nome da Santa Margherita, regina di Scozia nell'XI secolo. Originariamente era utilizzato come cappella privata per la famiglia reale, e si dice che la stessa Santa Margherita fosse solita pregare nella cappella.

Nonostante la sua età, la cappella è stata ben conservata nel corso degli anni. Presenta splendide vetrate colorate, sculture in pietra e un soffitto a volta. La cappella contiene anche un altare e una piccola sala dell'altare, aggiunti negli anni '20. La sua atmosfera tranquilla e il design straordinario lo rendono un gioiello nascosto che merita sicuramente una visita.

## 2. Il Palazzo Reale

Il palazzo fu costruito nel XVI secolo dal re Giacomo IV di Scozia, che lo utilizzò come residenza di caccia. Successivamente fu ampliato dal re Giacomo V e divenne la residenza preferita dei monarchi Stuart. Si sapeva che Maria, regina di Scozia, soggiornò al palazzo in diverse occasioni, ed era anche uno dei preferiti del re Carlo I.

Il palazzo ospita un'impressionante collezione di opere d'arte, arazzi e mobili, che offrono uno sguardo sulla vita e sui tempi dei monarchi scozzesi che vi abitarono.

Uno dei punti salienti del palazzo sono i suoi splendidi giardini, che presentano una varietà di piante e fiori, oltre a numerosi laghetti e fontane ornamentali.

## 3. Castello di Edimburgo

Il castello è arroccato in cima a una collina nel cuore della città e offre una vista mozzafiato sulla zona circostante. Il castello risale al XII secolo ed è stato teatro di numerose battaglie ed eventi storici nel corso degli anni. Oggi è una delle attrazioni turistiche più popolari della Scozia, con milioni di visitatori che accorrono per vedere la sua architettura storica, i musei e le mostre.

Uno dei punti salienti del castello è il Palazzo Reale, che presenta bellissime stanze e mostre che mostrano la vita dei monarchi scozzesi che vi abitarono. I visitatori possono anche esplorare la Sala Grande, che risale al XVI secolo ed è nota per la sua straordinaria architettura e i manufatti storici.

Il castello ospita anche numerosi musei e mostre, tra cui il National War Museum of Scotland, che mette in mostra la storia militare del paese, e lo Scottish National War Memorial, che onora coloro che sono morti in conflitto.

Oltre al suo significato storico e culturale, il Castello di Edimburgo offre anche una vista mozzafiato sulla città e sulla zona circostante. I visitatori possono fare una visita guidata al castello e conoscerne la storia e il significato, o semplicemente passeggiare e ammirare le immagini e i suoni di questo punto di riferimento iconico.

## 4. La pistola dell'una

Un luccicante 25 libbre della seconda guerra mondiale lancia un segnale orario assordante alle 13:00 tutti i giorni (tranne la domenica, il giorno di Natale e il Venerdì Santo). La tradizione iniziò nel 1861 quando un cannone fu sparato dal Castello di Edimburgo per fornire alle navi che navigavano nel Firth of Forth un segnale acustico per impostare i loro cronometri.

The One O'Clock Gun è una caratteristica unica del castello ed è una tappa obbligata per i visitatori interessati alla storia militare della Scozia. È anche un ottimo posto per ammirare le vedute della Città Nuova sottostante.

The One O'Clock Gun si trova su Mills Mount Battery, che si trova a nord del castello. Da questo punto di osservazione, puoi vedere i bastioni e il Royal Mile.

## 5. I gioielli della corona scozzese

I gioielli della corona scozzese (noti anche come Honors of Scotland) sono una corona tempestata di gioielli, una spada elaborata e uno scettro che sono stati usati per le cerimonie di incoronazione nel corso della storia della Scozia. Oggi sono in mostra al Castello di Edimburgo.

Nel XV secolo, i monarchi scozzesi indossavano questi simboli dell'incoronazione per rappresentare il loro nuovo status di sovrano. La corona, la spada e lo scettro furono originariamente realizzati per il re Giacomo V di Scozia e sono i più antichi gioielli della corona sopravvissuti in Gran Bretagna.

Sono stati nascosti più volte per evitare che venissero rubati o distrutti. Ma ora sono di nuovo in mostra al Castello di Edimburgo, dove rimangono un simbolo dell'eredità reale e del significato culturale della Scozia.

Ci sono molte altre cose da vedere e da fare anche all'interno del castello. Ma ti consigliamo di iniziare il tuo tour con i Gioielli della Corona, per poi passare ad altre aree a tuo piacimento. Per evitare lunghe code, acquista i biglietti online prima di arrivare a Edimburgo.

### 6.La Sala Grande

Il Castello di Edimburgo è uno dei luoghi più iconici d'Europa. In cima a una roccia vulcanica, domina lo skyline della città ed è un simbolo della storia della Scozia.

È assolutamente da vedere in ogni viaggio in città e non ti pentirai di averlo visitato. Vedrai i gioielli della corona scozzese, godrai di viste panoramiche di Edimburgo e guarderai il famoso segnale orario, One O'Clock Gun.

Puoi anche visitare le cavernose volte in pietra sotto la Sala Grande che un tempo ospitava i prigionieri di guerra. Questi sono stati riportati al loro stato precedente e potrai vedere i graffiti originali scolpiti dai prigionieri.

La Sala Grande ha una lunga storia ed è piena di storie emozionanti. È qui che Mary Queen of Scots si è seduta per godersi un banchetto e dove è stata sparata la famosa One O'Clock Gun.

**7. Il Museo Nazionale della Guerra**

Il National War Museum, situato all'interno del Castello di Edimburgo, è un luogo affascinante per conoscere la storia della Scozia in guerra. È gestito dal National Museums Scotland e copre 400 anni di coinvolgimento scozzese in battaglia, dal XVII secolo fino al servizio militare moderno.

I visitatori possono esplorare la collezione di armi, uniformi e attrezzature militari del museo. Vedranno anche una selezione di dipinti di campi di battaglia, oltre a tesori personali di soldati che sono andati in campagne straniere.

Il National War Museum è una delle attrazioni a pagamento più popolari di Edimburgo. È ospitato all'interno di tre serie di edifici costruiti intorno a Hospital Square nel 1700 da William Skinner come magazzini per gli ordigni.

## 8. I merli del castello

Se vuoi avere un'idea di come sarebbe stata la vita in un castello, è una buona idea visitare una delle imponenti rovine della Scozia. Dunnottar è uno dei più iconici e fotogenici, ma non è l'unico castello a occupare un posto d'onore su una collina rocciosa.

Eilean Donan è un altro castello in rovina noto per la sua bellezza e la sua splendida posizione. Questa isola di marea si trova alla confluenza di Loch Long e Loch Duich ed è stata una fortezza dal XIII secolo.

Il Linlithgow Palace è un edificio storico che ha visto andare e venire numerosi famosi monarchi. Sia Mary Queen of Scots che James V sono nati qui, quindi è una tappa obbligata in ogni viaggio in Scozia.

Al centro di una sanguinosa faida tra i clan Forbes e Gordon, il castello di Congarff fu incendiato nel 1571. Successivamente fu ricostruito e utilizzato come guarnigione dalle forze governative dopo la battaglia di Culloden nel 1746.

**9. Il Miglio Reale**

È un labirinto di alti edifici medievali disseminati di negozi di souvenir, vivaci locali per bere e mangiare e punti di riferimento storici come il Parlamento scozzese e la Cattedrale di St Giles.

Il Royal Mile ospita anche una serie di fantastiche attrazioni tra cui il Real Mary King's Close, lo

Scottish Storytelling Centre e molti musei. Il People's Story Museum è particolarmente interessante, in quanto si concentra sulla vita della classe operaia scozzese dal XVIII al XX secolo.

Il Royal Mile ospita anche alcuni dei migliori ristoranti e pub della città, quindi puoi concederti del buon cibo mentre ti godi la vista mozzafiato su Arthur's Seat. Puoi anche visitare la famosa Camera Obscura, un museo di illusioni ottiche di cinque piani che è una tappa obbligata per chiunque visiti Edimburgo.

**Le gemme nascoste della Scozia**

Ci sono innumerevoli panorami classici e luoghi unici da vedere in Scozia, ma ci sono anche molti posti più nascosti e fuori mano.

Questi luoghi segreti offrono quello speciale senso di avventura che tutti desideriamo quando visitiamo la Scozia. Esploriamo alcune di queste gemme nascoste!

## Riserva Naturale Corrimonia

La riserva naturale di Corrimony è il luogo ideale per tornare alla natura e rilassarsi nello splendido scenario della brughiera di Glen Urquhart, vicino a Loch Ness. I 1530 ettari di brughiera aperta e le sezioni della foresta caledoniana sono gestiti dalla RSPB, il che significa che avrai la possibilità di vedere alcuni degli animali selvatici più iconici della Scozia. Durante la primavera, puoi osservare il fagiano di monte lekking mostrare le sue abilità di corteggiamento, mentre qui si possono trovare anche pigliamosche, cince dal ciuffo e capinere.

Se sei un amante degli animali, questa riserva è un paradiso per caprioli, martore e martore, capre selvatiche, lontre e lepri. I cani sono i benvenuti, ma si prega di essere consapevoli del comportamento del proprio animale domestico e di non lasciarli senza guinzaglio durante la stagione riproduttiva in quanto possono causare danni agli uccelli che nidificano.

Questa gemma nascosta ospita numerosi siti storici e offre viste davvero meravigliose. Puoi camminare tra un cerchio di pietre erette e scoprire il tumulo a camera di Corrimony, che risale a 4000 anni fa, o visitare Mony's Stone, un'antica tomba a corridoio costruita dal popolo neolitico che viveva nella zona.

Il tumulo a camera è uno degli esempi più sorprendenti di un tumulo di tipo Clava ed è stato conservato per oltre 4000 anni. Si pensa che il tumulo fosse utilizzato come luogo di sepoltura e che i costruttori fossero abili nel lavorare la pietra. Il tumulo è circondato da 11 pietre e presenta arte rupestre preistorica sulla pietra di copertura.

Non ci sono costi per visitare Corrimony, ma una donazione è apprezzata per aiutare a mantenere il sito in buone condizioni. Oltre al tumulo si trovano un cerchio di pietre, un luogo di sepoltura e un piccolo sepolcreto.

Un'altra parte affascinante di questa riserva è la cascata, che sgorga da un piccolo affluente. È uno spettacolo impressionante che si estende per quasi 200 piedi.

La riserva naturale di Corrimony è una vera gemma nascosta ed è perfetta per gli amanti degli uccelli e per chiunque ami la vita all'aria aperta. Con una vasta gamma di alberi autoctoni, zone umide e habitat di montagna, questa riserva RSPB è il luogo perfetto per osservare i crocieri scozzesi, il fagiano di monte e altre specie iconiche.

**Loch Rannoch**

Il mistico e maestoso Loch Rannoch è uno dei luoghi più belli della Scozia. Situato vicino al cuore del paese, fa appello sia agli scozzesi che ai turisti di tutto il mondo.

Per chi ama le escursioni, una visita nella zona di Rannoch sarà un'esperienza indimenticabile. La campagna circostante è costellata di numerosi Munroes e sono facilmente disponibili sentieri per passeggiate e arrampicate. La montagna conica, soprannominata Schiehallion, è l'attrazione principale della zona, anche se attendono anche passeggiate in collina e percorsi naturalistici più facili.

Se sei interessato a conoscere la storia di questa zona, una passeggiata lungo il Clan Trail fornirà una visione interessante del passato della regione. Una serie di storyboard sono sparsi lungo la riva del lago e raccontano storie affascinanti sui vari clan che hanno occupato la regione in passato.

Un altro luogo affascinante da esplorare è il borgo di Kinloch Rannoch, creato nel periodo successivo al 1745. Era determinato a migliorare la sorte degli abitanti, portando più scuole, costruendo ponti ed erigendo chiese. Ha anche fornito cibo e introdotto nuovi metodi di coltivazione.

Alla fine, la comunità di Rannoch divenne civile e non si sentirono più furti o rapine da parte dei residenti del villaggio. Nel 1761, l'Assemblea Generale della Chiesa di Scozia riconobbe che questo piccolo insediamento stava diventando un modello per altre comunità delle Highlands.

Una visita a Loch Rannoch è un must per chiunque ami la vita all'aria aperta e voglia vedere alcune delle bellezze naturali più straordinarie del mondo. Troverai molte cose da fare qui, dal nuotare nelle acque mistiche del Loch Rannoch all'esplorazione delle antiche foreste e delle brughiere selvagge nell'area circostante.

**Cadute di Truim**

Se stai cercando una bellissima cascata nei Cairngorms, allora Falls of Truim merita lo sforzo. A pochi passi dalla strada principale, puoi vedere questo insieme di cascate in una tranquilla gola. Le cascate non sono una singola goccia, ma piuttosto una serie di rapide, con innumerevoli buche e pozze create da secoli di erosione fluviale.

Usciti dal parcheggio si segue a piedi la strada e in breve si incontra un vecchio ponte militare a cavallo del fiume. Da qui, puoi scendere a pochi passi fino al fiume e vedere da vicino le cascate. Puoi anche goderti la vista di Slioch e Loch Maree da qui.

Mentre sei in questa parte della Scozia, assicurati di provare la distilleria di Dalwhinnie. Questa distilleria è la più alta del paese e produce un rinomato whisky amato da tutti. Puoi visitare la distilleria per PS12 (o PS20 se desideri ottenere una bottiglia tutta tua).

Un altro bel posto da vedere in questa regione è Glen Feshie, che ha ispirato molti artisti nel corso dei secoli. Questa valle è famosa per i suoi incantevoli boschi di pini silvestri e per il fiume Feshie che la attraversa.

Per arrivare a Glen Feshie, dirigiti a est da Aviemore sulla A9 e poi svolta a destra al cartello per Glen Feshie. Se stai cercando di esplorare ulteriormente la zona, ci sono molte gemme nascoste che ti aspettano. Le Four Border Abbeys sono una popolare gita di un giorno da Edimburgo o Glasgow e sono piene di storia.

Puoi anche guidare fino a Bealach na Ba, uno dei passi più belli della Scozia. Questa è una strada epica che collega la costa occidentale con le Highlands e offre viste mozzafiato sulle montagne.

**Fairy Glen**

Se stai visitando Skye, devi trovare il tempo per l'iconico Fairy Glen, un paesaggio incantevole che sembra uscito da un film fantasy. La valle, che fa parte di Glen Uig sulla penisola di Trotternish, è a pochi passi dal villaggio di Uig e offre uno scenario straordinario da esplorare con la famiglia o gli amici.

La valle è una gemma fuori dai sentieri battuti, separata dai terreni agricoli circostanti da una collezione di colline a forma di cono, massi dalla forma strana, stagni e altre formazioni rocciose naturali. La valle è stata nominata come una delle gemme nascoste dell'isola di Skye e merita sicuramente una visita se vuoi allontanarti dalla folla e vedere alcuni dei paesaggi più panoramici dell'isola.

Una caratteristica particolarmente sorprendente del Fairy Glen è Castle Ewan, un'imponente formazione rocciosa che sembra un antico castello aggrappato a un minuscolo lochan nel mezzo della valle. Questo è in realtà un affioramento naturale di roccia basaltica (vulcanica) che è stata costruita dagli elementi nel corso di migliaia di anni.

Puoi visitare il Fairy Glen a piedi dal villaggio di Uig, oppure puoi noleggiare un'auto per arrivarci e parcheggiarla nel parcheggio dedicato che si trova a poche centinaia di metri dal cuore della valle. Il percorso più popolare è quello di camminare dal parcheggio, lungo un sentiero che passa da Castle Ewan e conduce a una piccola camera naturale nella scogliera.

Ci sono anche diversi buoni sentieri che si snodano intorno alla valle, ma tieni presente che può essere fangoso e scivoloso nei mesi invernali (novembre-marzo). È anche un luogo privilegiato per branchi di moscerini, quindi assicurati di portare con te un deterrente per moscerini se prevedi di visitarlo durante questo periodo.

Il momento migliore per esplorare il Fairy Glen è durante i mesi estivi, quando è più magico e quando ci sono meno persone. Si consiglia di arrivare presto, poiché i parcheggi possono essere piuttosto pieni durante le ore di punta e la valle può essere molto affollata.

# Capitolo 4.
# Cultura locale in Scozia

La cultura scozzese è una cosa vibrante e viva che continua ad evolversi. È anche un luogo dove la storia è ancora intessuta nel paesaggio e le antiche tradizioni continuano a guidare la vita moderna.

## 1. Il popolo

La Scozia è un paese affascinante con una ricca storia e una popolazione diversificata. Che tu sia qui per visitare o che ti sia trasferito da un altro paese, c'è sempre qualcosa di nuovo e interessante da conoscere sulla nostra nazione.

Nel Medioevo, molti scozzesi emigrarono dall'area verso altre parti d'Europa e oltre. Questo è stato un grande impulso per l'economia e la vita sociale della Scozia.

Tuttavia, ciò ha avuto anche un impatto significativo sulla cultura scozzese, poiché le persone sono diventate sempre più influenzate dai loro nuovi paesi d'origine. Ad esempio, la lingua scozzese si è fusa con l'inglese per formare una lingua scozzese distintiva e molte delle canzoni e delle danze nazionali scozzesi hanno incorporato elementi di altre lingue come l'irlandese, il celtico e il germanico.

## 2. La Terra

La Scozia, la metà settentrionale della Gran Bretagna, è un paese molto diverso dall'Inghilterra. Il territorio è montuoso, ma ci sono anche lunghe valli profonde, laghi e laghi a nastro che attirano visitatori da tutto il mondo.

Una lunga storia geologica ha modellato la terra e questo è il cuore di ciò che la rende speciale. Fa parte di una storia che abbraccia più di tre miliardi di anni, mentre la terra si è mossa intorno al pianeta.

La geodiversità è una caratteristica fondamentale del paesaggio scozzese, con le proprietà delle rocce e del suolo che influenzano sia l'uso del suolo che le vie di trasporto. Le rocce sedimentarie sottostanti di Edimburgo, ad esempio, hanno fondamentalmente plasmato il suo aspetto fisico.

Come ogni campagna, la Scozia ha le sue tradizioni uniche che sono profondamente legate al suo paesaggio fisico e culturale. Una di queste tradizioni è il ghillie, che fa parte della vita scozzese dal XVI secolo.

L'esperienza dei ghillies e la loro costante presenza sul terreno li ha mantenuti saldamente all'interno dell'identità rurale della Scozia. Questo è uno dei motivi per cui è così raro trovare un ghillie in altre parti del mondo.

### 3. Il Cibo

Il cibo della Scozia è incredibilmente ricco e ha molto da offrire. È una combinazione di piatti tradizionali scozzesi e di alcune moderne cucine scozzesi.

Il cibo scozzese si concentra su ingredienti semplici e un'elevata dipendenza dai prodotti locali come pesce, frutti di mare, latticini, verdura e frutta. Inoltre è privo di additivi che potresti trovare in altri tipi di cucina.

Uno dei principali alimenti tradizionali della Scozia è il porridge, che era un alimento base nei tempi antichi della Scozia. È fatto con avena, acqua e sale.

Un altro piatto famoso della Scozia è la pasta frolla, che da secoli è una delle preferite in tutto il mondo. Si tratta di un dolce e goloso con tanti gusti diversi.

Se stai pianificando un viaggio in Scozia, assicurati di includere nel tuo itinerario i piatti tradizionali scozzesi e alcune delle bevande più popolari associate al paese come l'Irn-Bru, una bevanda gassata a base di frutta. Puoi anche dare un'occhiata ad alcuni dei numerosi festival che si tengono in tutta la Scozia per avere una visione più approfondita della cultura e delle tradizioni del paese!

## 4. La musica

La musica tradizionale è una parte estremamente importante della cultura scozzese. Prende molte forme ed esiste da migliaia di anni, quindi se vuoi scoprire di più sul genere puoi trovare molti festival di musica tradizionale in tutto il paese.

Gli stili principali includono canzoni gaeliche, ballate e lamenti e musica dance scozzese come jigs, reels e strathspeys. Quest'ultimo è solitamente eseguito da un'orchestra da ballo e comprende tipicamente violino (violino), fisarmonica, cornamusa e percussioni.

Un'altra parte importante della musica scozzese è la cornamusa, uno strumento caratteristico degli altipiani in uso da secoli. La sua origine non è chiara, ma probabilmente è stata portata in Scozia dall'Irlanda o molto oltre.

Lo strumento è comunemente associato alla musica folk scozzese, sebbene sia stato anche adottato da popolari gruppi di danza country. È stato a lungo deriso come kitsch, ma artisti come Phil Cunningham (di Silly Wizard) hanno contribuito a dissipare questa percezione.

## 5. Le Arti

Le arti sono una parte estremamente importante del tessuto della società, fornendo connessioni sociali e costruendo un senso di identità. In Scozia esiste una vasta gamma di diverse forme di cultura e le persone sono orgogliose di vivere in luoghi in cui viene celebrata la loro eredità.

Ci sono molti modi per immergersi e vivere la cultura scozzese e ci sono una serie di importanti musei, gallerie e spazi per spettacoli in tutto il paese dove l'accesso è gratuito. La Kelvingrove Art Gallery and Museum, con sede a Glasgow, è un ottimo punto di partenza.

L'Aberdeen Art Gallery è anche un centro culturale. La sua collezione è riconosciuta come Collezione di Importanza Nazionale e ospita ogni anno una serie di mostre interessanti.

Le arti tradizionali hanno un grande impatto sul tessuto della cultura scozzese e il paese ha molte organizzazioni che lavorano per preservare e promuovere queste tradizioni.

**6. Lo sport**

Come ci si aspetterebbe, lo sport è una parte estremamente significativa della cultura locale in Scozia. Che si tratti di calcio, rugby o golf, le persone in Scozia prendono molto sul serio lo sport e hanno una "squadra" ereditata che tramandano ai loro figli come una tradizione amata.

Infatti, una parte significativa della popolazione può essere avvistata durante un evento sportivo durante un dato giorno in Scozia. Il numero di persone che assistono solo alle partite di calcio è stato calcolato essere uno su 20 pro capite, una statistica che non ha rivali in nessun'altra nazione.

Gli Highland Games sono stati anche una parte significativa della vita culturale scozzese per molti secoli. Questi eventi presentavano una vasta gamma di eventi sportivi e aspetti tradizionali della cultura scozzese come le cornamuse.

Durante la prima età moderna, questi eventi divennero più organizzati e standardizzati. Gli Highland Games oggi sono una celebrazione della cultura scozzese e offrono ai visitatori un'entusiasmante opportunità di testimoniare un aspetto importante della comunità locale. Sono spesso gestiti da un'organizzazione senza scopo di lucro e sono un ottimo esempio di come il turismo può aiutare a riunire le comunità.

### 7. Le credenze

Ci sono molte credenze che influenzano il modo in cui viviamo in Scozia. Mentre il cristianesimo è sempre stata la religione dominante in Scozia, anche altre fedi come l'ebraismo, il buddismo e l'induismo hanno una forte presenza in Scozia.

La cultura scozzese si è sviluppata nel corso di mille anni e le tradizioni sono ancora molto vive oggi. Queste tradizioni non sono qualcosa che si conserva in un museo e sono in continua evoluzione.

Storicamente, la Scozia faceva parte di una famiglia di fedi politeiste che enfatizzavano l'armonia naturale e adoravano gli dei della terra. Durante il VI secolo, la regione si convertì al cristianesimo per opera di San Colombano, che si recò sull'isola di Iona e fondò una scuola che avrebbe attirato monaci dall'Inghilterra, dall'Irlanda e dall'Europa.

Sebbene la maggior parte degli scozzesi non sia religiosa, le tensioni religiose sono occasionalmente salite in superficie. Questo può essere il risultato di opinioni diverse sulla vita, sull'ordine pubblico o sulle conseguenze di conflitti globali. In queste circostanze è importante che il dialogo sia promosso in modo sincero e onesto, per garantire che tutti possano vivere pacificamente in Scozia.

## Chiacchierando con gli esperti dello Speyside Whisky Trail

La regione dello Speyside ospita la metà di tutte le distillerie di whisky in Scozia. Ospita anche l'unico sentiero del whisky al mondo che porta i visitatori a sette distillerie di fama mondiale.

Il modo migliore per godersi lo spirito è viaggiare con una guida su misura che può aiutarti a vivere al meglio ciò che questa meravigliosa area ha da offrire. Sia che tu voglia visitare lo Spirit of Speyside Festival o trascorrere un po' di tempo esplorando le numerose splendide distillerie, un accompagnatore personale può rendere il tuo viaggio memorabile e assolutamente unico.

**Benromach**

Lo Speyside Whisky Trail è un posto fantastico da visitare se sei appassionato di assaggiare alcuni dei migliori single malt della Scozia. Troverai una serie di distillerie su questo percorso, tutte con il loro fascino e carattere unici.

Un classico whisky dello Speyside, Benromach è prodotto con metodi tradizionali e ha un sottile carattere affumicato maturato in botti di primo riempimento. Questo single malt è uno dei preferiti dagli appassionati di whisky, vincendo l'oro ai World Whisky Awards 2014.

Per arrivare a Benromach, dirigiti a nord da Forres sulla A96 e prendi Waterford Road. La distilleria è sulla vostra sinistra quando girate verso la linea ferroviaria.

C'è un grande centro visitatori qui dove puoi osservare il processo di distillazione e saperne di più sulla storia del sito. Puoi anche prenotare un tour della distilleria o visitare il negozio.

Lo Speyside Cooperage è un'ottima sosta lungo il sentiero. Puoi vedere le botti in cui viene imbottigliato il whisky in fase di produzione e anche conoscere l'antica arte della cooperazione. Questa è un'attività affascinante che dovresti assolutamente aggiungere al tuo viaggio.

**Cardù**

Se stai cercando un'avventura nel tuo viaggio di degustazione di whisky, allora un tour Speyside Whisky Trail è un'ottima opzione. Da Buckie ad Aviemore, questo percorso appartato ti porta attraverso dolci colline, foreste e coste. Tuttavia, è sconsigliato a chi non è in buona forma fisica.

Cardhu è una delle distillerie che puoi visitare lungo lo Speyside Whisky Trail, ed è anche conosciuta come la casa spirituale di Johnnie Walker. Il suo carattere morbido è un riflesso del suo lungo processo di distillazione.

Fu fondata nel 1824 da un contrabbandiere di whisky di nome John Cumming, e oggi è di proprietà di Diageo. La sua produzione è utilizzata in molti blend, tra cui Johnnie Walker Black Label, ma mantiene comunque il suo status di single malt.

Oltre ad essere un'ottima introduzione alla regione scozzese dello Speyside, una visita a Cardhu è di per sé un'esperienza unica. Ci sono diverse opzioni tra cui scegliere, incluso un Collection Tour dove assaggerai cinque diversi Cardhu Single Malt Whisky.

La distilleria ospita anche una serie di eventi e festival, a cui puoi prendere parte. Sono un modo fantastico per incontrare altri amanti del whisky e fare nuove amicizie.

**Glenfiddich**

In qualità di principale distillatore di whisky single malt al mondo, Glenfiddich vende più di 1,22 milioni di casse da 9 litri all'anno. Si trova a Dufftown, in Scozia, ed è di proprietà di William Grant & Sons, che possiede anche la Balvenie Distillery.

La sua icona di cervo - un cervo avvistato nella valle da cui prende il nome - rappresenta la sua filosofia di guardare al futuro e andare avanti, secondo il responsabile della comunicazione del marchio Giardina. Originariamente era basato su un dipinto di Sir Edwin Landseer, ma si è evoluto in un simbolo che parla dell'eredità del marchio di essere ispirato dalla natura e dal suo posto nella cultura scozzese.

Fondato nel 1886, è uno dei marchi più famosi del settore ed è considerato una parte iconica dello Speyside Whisky Trail. I suoi imbottigliamenti hanno vinto più premi dal 2000 di qualsiasi altro single malt Scotch.

L'espressione più venduta dell'azienda è il dodicenne, che offre un ottimo rapporto qualità-prezzo e un ampio appeal. Il suo sapore di mela dolce domina il naso ed è completato da miele leggero e vaniglia. Non è un whisky complesso, ma è appagante e piacevole.

La selezione delle botti della distilleria viene effettuata internamente, con il componente più importante che è l'acqua di sorgente Robbie Dhu. Viene aggiunto al distillato selezionato in uno spirito sicuro al 63% di alcol prima di essere messo in botti di rovere di tutto il mondo e lasciato maturare. Questo processo può richiedere fino a 30 anni.

### Glenlivet

Situata nella regione del whisky Speyside, Glenlivet è una famosa distilleria che vende circa sei milioni di bottiglie di scotch single malt all'anno. Fondata nel 1823, la distilleria è una scelta popolare per i viaggiatori che desiderano conoscere il whisky single malt più famoso della Scozia e l'artigianato dietro la sua produzione.

I visitatori della distilleria possono fare un tour della struttura e sperimentare in prima persona il suo processo di produzione. Cammineranno attraverso una passerella fiancheggiata dall'orzo e impareranno a conoscere le persone che lavorano qui, dagli agricoltori che coltivano l'orzo, ai magazzinieri, fino al mastro distillatore.

Oltre a un tour tradizionale, Glenlivet offre un'esperienza di degustazione di eredità in cui i visitatori possono assaggiare bicchieri rari, conoscere la storia della distilleria e portare a casa un regalo. Puoi anche fermarti alla bottega e assistere all'antica arte di fare un barile dall'inizio alla fine.

La sala degustazione della distilleria è uno spazio accogliente che riflette l'ubicazione della distilleria e utilizza materiali naturali per creare un'atmosfera calda. Comprende un bar, un'area lounge, un negozio con stazioni di riempimento delle bottiglie e un'area archivio che mette in risalto la storia del marchio.

Glenlivet ha una vasta gamma di whisky che sono stati invecchiati in vari tipi di botti, tra cui botti di sherry, porto e cognac. Queste offerte a botte singola possono essere un ottimo modo per provare un diverso profilo aromatico delle loro espressioni standard e potresti semplicemente scoprirne uno che fa per te.

**Strathisla**

Lo Speyside Whisky Trail è un percorso escursionistico a lunga distanza che ti porta attraverso alcuni dei paesaggi più belli della Scozia. È perfetto per chi ama le escursioni, ma è anche un fan del whisky.

Il percorso è un anello di 72 miglia intorno alla regione dello Speyside, che attraversa linee ferroviarie e dolci colline che lo rendono un percorso impegnativo per chiunque abbia un livello di forma fisica moderato. Ci sono opzioni più brevi per coloro che preferiscono un viaggio meno faticoso.

Strathisla è una delle più antiche distillerie della regione dello Speyside. Si trova a Keith, non lontano da alcuni dei panorami più spettacolari che puoi trovare in Scozia.

È di proprietà del marchio di lusso Chivas Brothers ed è una parte fondamentale della loro miscela Chivas Regal. Producono quattro alambicchi che bruciano circa milioni di litri di whisky ogni anno.

Alla distilleria puoi parlare con gli esperti dello Speyside Whisky Trail e conoscere la produzione del whisky single malt. Condivideranno le loro conoscenze e ti daranno un assaggio di alcuni dei migliori whisky che hanno da offrire.

Parleranno di come vengono miscelati i whisky e delle rare abilità necessarie per creare whisky prestigiosi. Ti aiuteranno anche a scoprire le sottigliezze di ogni whisky mentre li "annusi".

Che tu sia un esperto amante del whisky o un principiante, la tua visita a Strathisla sarà un'esperienza davvero memorabile.

## Dallas Dhu

Lo Speyside Whisky Trail è un modo fantastico per immergersi nella storia di questa bellissima zona. Ti dà anche la possibilità di assaggiare il whisky scozzese single malt famoso in tutto il mondo e goderti una serie di attività tradizionali.

Una delle tappe più insolite di questo percorso è Dallas Dhu, un'ex distilleria che ha un'affascinante storia a scacchi. È stato concepito dall'imprenditore locale Alexander Edward nel 1898 e alla fine è stato chiuso per la produzione nel 1983.

Durante la metà del XIX secolo, molte distillerie di whisky furono costruite con un caratteristico design a "tetto a punta", simile a quelli usati negli antichi templi buddisti. I tetti furono utilizzati per la prima volta presso la distilleria Dailuaine nel 1889 e successivamente furono installati in dozzine di altre distillerie di whisky scozzesi.

Mentre il tetto può sembrare fuori posto in Scozia, qui ha una storia lunga e interessante. Le origini del tetto a punta sono scozzesi e il design è stato originariamente creato da Charles Doig e dai suoi due figli che hanno lavorato alla progettazione di oltre un centinaio di distillerie sia in Irlanda che in Scozia.

La distilleria ha un lungo granaio di malto a due piani dove fino al 1968 veniva prodotto tutto il malto per la distilleria. Hanno smesso di usare il proprio malto nel 1968 e hanno invece iniziato a procurarsi il malto dallo stabilimento industriale SMD Maltings situato nella vicina Burghead.

Durante il tuo tour puoi chattare con gli esperti che ti spiegheranno come viene prodotto il whisky a Dallas Dhu e ti daranno un assaggio di alcuni dei diversi whisky prodotti qui. Ti parleranno delle caratteristiche uniche della distilleria e forniranno una visione approfondita della sua storia.

# Fare il tifo per la gente del posto a un evento degli Highland Games

Gli Highland Games sono una delle tradizioni più antiche della Scozia. Presentano kilt tartan, cornamuse, whisky e molta giovialità.

Sono anche un ottimo modo per celebrare la cultura e il patrimonio locale. I partecipanti tifano per atleti e ballerini mentre imparano a conoscere la storia del loro paese.

**Tifo per gli atleti.**

Questi eventi erano originariamente sport improvvisati durante le riunioni di clan, ma da allora si sono espansi in incontri atletici internazionali. Oggi si tengono in più di 180 paesi in tutto il mondo.

Tradizionalmente, i concorrenti degli Highland Games indossano kilt e portano cornamuse. I giochi si sono svolti per la prima volta in Scozia, ma ora si trovano in molti luoghi in tutto il mondo, inclusi Stati Uniti e Canada.

Un altro evento divertente da guardare è lo stone put, dove i concorrenti cercano di lanciare una pietra pesante il più lontano possibile. La pietra proviene da un fiume locale e di solito pesa circa 20 libbre.

È importante notare che gli eventi pesanti agli Highland Games sono molto duri e richiedono molta forza. L'atleta ideale avrà gambe forti per aiutarli a sollevare i pesi, oltre a una buona forza del core e della parte superiore del corpo.

Alcuni degli eventi pesanti più popolari agli Highland Games sono il lancio del caber, il lancio del martello e il peso sopra la sbarra. Il lancio del caber è un evento esclusivamente delle Highland che prevede il lancio di un grande palo affusolato chiamato "caber". Questo è realizzato in legno di larice e può pesare fino a 79 libbre (31 kg).

Altri eventi pesanti tradizionali ai giochi sono il lancio del martello, il peso sulla barra, il trasporto di pietre e il martello scozzese, dove i concorrenti portano un peso di 22 libbre sulla schiena mentre sono in piedi.

Gli eventi pesanti ai Phoenix Scottish Games furono introdotti nel 1982. Furono creati per preservare l'atletica delle Highland scozzesi, che era stata in gran parte persa negli anni successivi alla seconda guerra mondiale. Sono un ottimo modo per coinvolgere le persone nello sport e dare loro l'opportunità di competere contro altri atleti.

**Fai il tifo per i ballerini.**

Un evento Highland Games è un ottimo modo per godersi la cultura e la tradizione scozzese. Sia che tu voglia guardare gli eventi pesanti, ballare con la gente del posto o acquistare souvenir, è un'opportunità per provare qualcosa di veramente unico.

La gente del posto a questi eventi è spesso vestita con kilt tradizionali e si esibirà in danze al suono delle cornamuse. È anche comune vedere persone che mangiano haggis, bevono whisky scozzese e chiacchierano insieme. Fare il tifo per i ballerini è un ottimo modo per essere coinvolti e mostrare il proprio sostegno alla competizione. Puoi persino entrare in azione e provare a ballare tu stesso!

La danza è una parte importante degli Highland Games, con forme di danza tradizionali e moderne che si svolgono contemporaneamente. Alcuni di questi eventi includono i Campionati Mondiali di Danza delle Highlands, che portano ballerini da tutto il mondo. Altri eventi tradizionali che probabilmente vedrai in questi raduni includono il lancio del caber, il lancio del martello e il lancio del peso. Il lancio del caber consiste nel lanciare in aria un tronco a figura intera, chiamato caber, usando entrambe le mani.

Un lancio del martello è simile, ma il martello viene fatto girare in tondo e poi lanciato il più lontano possibile. Un altro favorito è il peso per l'altezza, in cui i concorrenti lanciano un oggetto pesante su una barra.

**Fai il tifo per la band.**

Gli Highland Games sono un tradizionale raduno scozzese in cui famiglie e clan si incontrano per competere in una varietà di eventi sportivi e culturali. Oltre all'atletica, i partecipanti possono godere di cibo, danza, musica di cornamusa e persino degustazioni di whisky.

Le band possono includere musicisti della comunità locale, così come gruppi di fama nazionale. Questa è una delle parti più divertenti e memorabili di qualsiasi evento di Highland Games.

Altre attività musicali comuni degli Highland Games sono le gare di cornamusa e gli eventi di piping e percussioni solisti. In alcuni Giochi delle Highland, i capi locali condurranno i loro membri nell'arena per una cerimonia prima che inizino le loro competizioni.

Questi eventi sono noti come eventi pesanti e sono considerati il cuore dei giochi. Sono composti da otto diversi eventi che mettono alla prova forza e potenza. Questi includono il lancio del covone, il lancio del caber, il lancio della pietra, il lancio del martello, il lancio del peso leggero, il lancio del peso pesante e il peso per l'altezza.

Gli atleti devono essere in grado di trasportare e maneggiare questi grandi pesi e attrezzature in sicurezza per vincere un premio. Questi eventi sono in genere aperti solo a uomini, donne e giovani adulti.

Il lancio del caber è un evento famoso negli Highland Games ed è un buon indicatore della forza di un atleta. Questo evento vede i concorrenti tenere un palo affusolato di 5,94 m (19 piedi e 6 pollici) in legno e lanciarlo il più dritto possibile.

Questo può essere difficile per i principianti ed è un buon modo per misurare la stabilità di un atleta mentre tiene in equilibrio il caber tra le mani. Devono anche eseguire una rincorsa prima di lanciarla e cercare di arrivare il più lontano possibile senza colpire nulla.

**Evviva la folla!**

Quando partecipi a un evento degli Highland Games, è facile farsi coinvolgere dai festeggiamenti. Troverai tanto cibo, balli e musica dal vivo. Ma se vuoi vivere veramente i giochi, devi guardare oltre la folla e guardare gli atleti, i ballerini e le band.

Molti dei tradizionali eventi degli Highland Games sono incentrati sulla forza e l'atletica, e alcuni sono diventati iconici. Il più famoso di questi, il "lancio del caber", prevede il lancio di un tronco chiamato caber (gaelico per una trave di legno) che è alto 19 piedi e 6 pollici e pesa circa 79 kg (175 libbre).

Lanciare un caber è considerato una prova di equilibrio e controllo. Un lancio perfetto vede l'estremità piccola del tronco rivolta lontano dal lanciatore, con un angolo a "ore 12".

Altre gare pesanti includono il lancio del martello e il lancio della pietra. Il lancio del martello comporta l'oscillazione di una palla di metallo da 22 libbre attorno alla testa del concorrente, mentre il lancio della pietra richiede al concorrente di lanciare una grossa pietra (circa 20-26 libbre di peso) dopo una breve corsa o da una posizione eretta.

Quando i Phoenix Highland Games, per esempio, si tengono nel primo fine settimana di marzo, il tempo è solitamente abbastanza bello. Nonostante la battuta d'arresto, ci sono ancora molti eventi degli Highland Games in Arizona e nella Florida centrale. I 45° Giochi scozzesi della Florida centrale sono tornati a Winter Springs e il National History Museum of Central Florida ospita una serie di eventi virtuali per celebrare questi eventi in modi nuovi.

**I migliori ristoranti, bar e club della Scozia**

**I migliori ristoranti in Scozia:**

The Kitchin - Edinburgh: Questo ristorante stellato Michelin serve cucina scozzese contemporanea con particolare attenzione ai prodotti locali e di stagione.

The Gannet - Glasgow: questo premiato ristorante è noto per la sua creativa cucina scozzese, con particolare attenzione ai frutti di mare.

Ondine - Edimburgo: un altro ristorante incentrato sui frutti di mare, Ondine è rinomato per le sue catture fresche e sostenibili e per i piatti creativi.

The Peat Inn - St. Andrews: Questo elegante ristorante in un'affascinante locanda del XVIII secolo serve cucina scozzese moderna e raffinata.

The Three Chimneys - Isle of Skye: Situato sulla splendida isola di Skye, questo ristorante è rinomato per l'uso di ingredienti locali e stagionali e frutti di mare eccezionali.

**I migliori bar in Scozia:**

The Pot Still - Glasgow: questo tradizionale pub scozzese è noto per la sua vasta selezione di whisky, con oltre 700 bottiglie diverse in offerta.

The Finnieston - Glasgow: questo bar alla moda nel West End di Glasgow è noto per l'eccellente pesce e l'ampia selezione di gin.

Bon Vivant - Edimburgo: Questo elegante bar e ristorante è noto per i suoi cocktail creativi e la raffinata cucina scozzese.

**I migliori club in Scozia:**

Sub Club - Glasgow: questo leggendario nightclub è stato un pilastro della scena dei club di Glasgow per oltre 30 anni, con particolare attenzione alla techno e alla musica elettronica.

Sneaky Pete's - Edimburgo: questo club intimo è noto per la sua variegata line-up di musica dal vivo e DJ set, con particolare attenzione alla musica underground ed elettronica.

La Cheetah Club - Glasgow: questo intimo club nel seminterrato è noto per la sua eclettica schiera di DJ e per la musica elettronica underground.

Cabaret Voltaire - Edimburgo: questo elegante club nel cuore del centro storico di Edimburgo ospita una varietà di eventi di musica dal vivo e DJ set, con particolare attenzione alla danza e alla musica elettronica.

# Capitolo 5. Suggerimenti per evitare la folla e saltare le file

La Scozia è una popolare destinazione turistica, soprattutto durante l'alta stagione, il che significa che ci si può aspettare folle e lunghe file in molte attrazioni famose. Tuttavia, ci sono alcuni suggerimenti che puoi seguire per evitare la folla e saltare le code durante il tuo viaggio in Scozia:

- Pianifica la tua visita durante la bassa stagione: evita di visitare la Scozia durante l'alta stagione, che va da giugno ad agosto. Invece, pianifica la tua visita durante la bassa stagione, che va da novembre a marzo. Durante questo periodo, troverai meno folla, prezzi più bassi e code più brevi.

- Prenota i biglietti in anticipo: se hai intenzione di visitare le attrazioni più famose, è meglio prenotare i biglietti in anticipo. Molte attrazioni in Scozia offrono la prenotazione online, che può aiutarti a evitare lunghe code alla biglietteria.

- Visita la mattina presto o nel tardo pomeriggio: se non puoi prenotare i biglietti in anticipo, prova a visitare le attrazioni popolari la mattina presto o nel tardo pomeriggio quando la folla è minore.

- Esplora le attrazioni meno conosciute: invece di visitare i luoghi turistici più famosi, prova ad esplorare alcune delle attrazioni meno conosciute della Scozia. Questi luoghi sono spesso meno affollati e offrono un'esperienza più autentica.

- Fai una visita guidata: una visita guidata può aiutarti a saltare le code ed evitare la folla nelle attrazioni più famose. Molte compagnie turistiche offrono l'accesso prioritario, che può farti risparmiare un sacco di tempo.

- Visitare le aree commerciali: molte famose attrazioni turistiche si trovano vicino alle aree commerciali. Se vuoi evitare la folla e le code, pianifica la tua visita in un giorno feriale anziché nel fine settimana.

- Visita in autunno: durante questo periodo dell'anno, molti hotel e ristoranti chiudono per la stagione. Tuttavia, puoi ancora goderti il bel tempo della Scozia senza essere circondato dai turisti.

- Vai fuori dai sentieri battuti: invece di visitare luoghi famosi, prova ad esplorare luoghi meno frequentati. Sarai in grado di vivere un'esperienza più autentica senza combattere tra grandi folle e aspettare in lunghe file.

- Visita i musei più piccoli: se vuoi evitare grandi folle, visita i musei più piccoli fuori dal centro città. Questi luoghi sono spesso meno affollati e offrono un'esperienza più intima.

- Mangia nei ristoranti fuori dal centro città: se stai cercando un posto dove mangiare, prova ad esplorare i ristoranti fuori dal centro città. Questi posti sono spesso meno costosi dei ristoranti nelle zone turistiche più popolari e offrono una cucina scozzese più autentica.

**Suggerimenti sui luoghi in cui soggiornare**

Se stai cercando un soggiorno in un hotel economico, ci sono diverse cose che puoi fare per ottenere il miglior rapporto qualità-prezzo. Uno dei fattori principali da considerare è la posizione di un hotel. Più vicino ai trasporti pubblici, agli aeroporti, alle attrazioni locali, ai ristoranti, alle spiagge e ai parchi è meglio sarà.

**Alcuni hotel e B&B dove soggiornare**

- The Witchery by the Castle - Questo lussuoso hotel di Edimburgo si trova vicino al famoso Castello di Edimburgo e offre agli ospiti un'esperienza unica e storica.

- The Balmoral Hotel - Situato anche a Edimburgo, The Balmoral Hotel è un prestigioso hotel a 5 stelle con vista mozzafiato sulla città e sul Castello di Edimburgo.

- The Torridon - Situato nelle Highlands scozzesi, The Torridon è un bellissimo hotel di campagna che offre una varietà di attività all'aperto come trekking, pesca e osservazione della fauna selvatica.

- The Isle of Eriska Hotel - Questo lussuoso hotel si trova su un'isola privata vicino a Oban ed è circondato da uno splendido scenario naturale. Gli ospiti possono godere di una varietà di attività all'aria aperta e di una cucina raffinata durante il loro soggiorno.

- The Caledonian Hotel - Situato nel cuore di Glasgow, The Caledonian Hotel è un lussuoso hotel a 5 stelle che offre agli ospiti un'esperienza elegante e contemporanea.

- The Dunstane Houses - Questo hotel boutique di Edimburgo si trova nell'affascinante quartiere del West End e offre agli ospiti un'esperienza unica ed elegante.
- The Sherbrooke Castle Hotel - Questo splendido hotel a 4 stelle si trova nella parte sud di Glasgow ed è ospitato in un palazzo vittoriano splendidamente restaurato.
- The Glenmorangie House - Situato nelle Highlands scozzesi, The Glenmorangie House è un hotel affascinante e lussuoso che offre agli ospiti l'opportunità di assaggiare alcuni dei migliori whisky scozzesi.

Questi sono solo alcuni esempi dei tanti fantastici hotel e B&B che la Scozia ha da offrire. Quando scegli dove alloggiare in Scozia, considera il budget, la posizione e lo stile di alloggio preferito per trovare la sistemazione perfetta per le tue esigenze.

**1. Stare lontano da luoghi privilegiati**

Se stai cercando di risparmiare qualche soldo e goderti comunque un viaggio indimenticabile, non è necessario scendere a compromessi sul lusso. Mentre potresti dover sopportare una o due camere mediocri, ci sono molte opzioni là fuori che segneranno tutte le caselle quando si tratta di hotel di lusso. I migliori del gruppo sono quelli che sono un po 'fuori mano, ma ti daranno comunque tutto il meglio per il tuo denaro nel reparto alberghiero. In particolare, ci sono alcuni posti da visitare nella zona di Manhattan a New York, tra cui Midtown Manhattan e Downtown Brooklyn.

## 2. Cerca offerte

Se stai cercando modi per soggiornare in hotel di lusso con un budget limitato, ci sono alcune cose che puoi fare. Per prima cosa, puoi cercare offerte su siti Web di viaggi di terze parti. Molti offrono pacchetti che raggruppano voli e hotel in modo da poter risparmiare un sacco di soldi durante il viaggio. Alcuni hotel offrono anche sconti durante determinate festività, quindi dovresti sempre essere alla ricerca di queste offerte.

Un altro modo per ottenere grandi offerte sugli hotel è iscriversi alle loro newsletter ed e-mail. Spesso gli hotel di lusso inviano newsletter e promozioni via e-mail su eventi speciali e offerte in corso. Iscrivendoti alle loro mailing list, puoi tenere il passo con tutte le ultime offerte e promozioni che stanno offrendo e potresti essere in grado di afferrarle prima degli altri.

Se non hai il tempo di cercare tutte queste offerte da solo, puoi assumere un consulente di viaggio per aiutarti. Questi professionisti possono aiutarti a trovare le migliori offerte e darti la guida di cui hai bisogno per pianificare la tua vacanza senza spendere una fortuna. Sono esperti nella ricerca di offerte su hotel di lusso e possono aiutarti a ottenere il massimo dai tuoi soldi mentre viaggi.

## 3. Prenota all'arrivo

Ci sono molti modi per ottenere un'opzione più economica per un hotel di lusso. Puoi prenotare con un'agenzia di viaggi o pagare in punti, ad esempio. È anche importante evitare gli orari di punta, quindi cerca le offerte durante la bassa stagione.

Prenotare all'arrivo può essere un ottimo modo per risparmiare denaro e ottenere il miglior affare possibile. Alcuni hotel offrono offerte esclusive agli ospiti che prenotano tramite loro. Questi possono includere un credito alberghiero di $ 100, oltre a upgrade di camera e altri vantaggi. Questi di solito valgono il costo aggiuntivo, poiché puoi usarli per migliorare il tuo soggiorno.

Un altro vantaggio della prenotazione all'arrivo è che puoi chiedere una tipologia di camera specifica che potrebbe interessarti. Questi possono essere l'ideale se hai bambini o stai cercando una suite. Puoi anche richiedere una piscina o una Spa che potrebbero non essere disponibili online.

L'utilizzo dell'auto dell'hotel per il tuo arrivo può anche aiutarti a ottenere vantaggi aggiuntivi, come un upgrade o l'esenzione da un addebito per il check-out posticipato. L'autista conoscerà l'hotel e potrà rispondere a qualsiasi domanda tu possa avere sulla proprietà. Tuttavia, Naderkhani afferma che non è un requisito per gli hotel di lusso includere questi vantaggi nei loro pacchetti. Ecco perché è fondamentale che forniscano un servizio clienti di alta qualità e soddisfino le loro esigenze. Dovrebbero anche essere consapevoli del loro mercato di riferimento, in modo da poter offrire un prodotto/servizio migliore e aumentare le loro entrate.

**4. Resta fuori dal centro città**

Il miglior posto dove stare, le opzioni più economiche rispetto agli hotel di lusso si trovano spesso fuori dal centro città. Ad esempio, se stai cercando un hotel a cinque stelle a Copenaghen, la soluzione migliore è guardare oltre la confusione turistica e prenotare te stesso in una delle tante proprietà boutique che hanno aperto negozi in questa pittoresca città. Non solo queste proprietà sono più economiche dei tradizionali grandi ragazzi, ma offrono anche molti degli stessi servizi e vantaggi delle loro controparti più costose. Questo sarà un ottimo modo per recuperare i tuoi sudati guadagni e sfruttare al meglio il tuo soggiorno in questa gemma nordica.

**5. Resta in campagna**

Che tu stia cercando un fine settimana lontano dalla città, una lunga vacanza o una settimana di beata tranquillità, la campagna del Regno Unito ha qualcosa da offrire a tutti. Con dolci colline, pittoresche strade di ciottoli e ruscelli gorgoglianti da esplorare, la campagna è il luogo perfetto per una vacanza appartata.

Un hotel di campagna di lusso è un rifugio dove puoi accovacciarti, rilassarti e ricaricarti. Dovrebbe essere tranquillo e sereno, ma anche fornire tutti i comfort necessari per sentirsi a casa.

Alcuni lussuosi hotel di campagna hanno anche i propri vigneti e mercati artigianali dove è possibile trovare una selezione di prodotti locali freschi. Ad esempio, a Chewton Glen nell'Hampshire, gli ospiti possono fare un tour della cantina e assaggiare i suoi deliziosi vini.

È inoltre possibile prenotare trattamenti benessere presso il centro benessere e concedersi un massaggio o una vasca idromassaggio. Un soggiorno in un hotel di campagna d'élite è un'esperienza piacevole che vorrai ripetere più e più volte.

## Attività da fare in famiglia e cose che puoi fare gratuitamente in Scozia

La Scozia è un paese bellissimo con paesaggi mozzafiato, una ricca storia e una cultura vibrante. Offre una gamma di attività che possono essere apprezzate dalle famiglie senza spendere troppo. Ecco alcuni suggerimenti per attività gratuite da fare con la tua famiglia in Scozia:

- Fai una passeggiata o un'escursione nella natura: la Scozia è nota per i suoi paesaggi mozzafiato e ci sono molti sentieri e parchi che puoi esplorare con la tua famiglia. Alcune opzioni popolari includono Loch Lomond e il Trossachs National Park, il Cairngorms National Park e le Pentland Hills.

- Visita musei e gallerie: molti musei e gallerie in Scozia offrono l'ingresso gratuito. Alcuni dei più popolari includono il National Museum of Scotland, la Kelvingrove Art Gallery and Museum e la Scottish National Gallery.

- Esplora le spiagge: la Scozia ha alcune delle spiagge più belle del mondo e molte di esse sono visitabili gratuitamente. Alcune opzioni popolari includono Luskentire Beach, West Sands Beach e St Andrews Beach.

- Fai un tour storico: la Scozia è ricca di storia e ci sono molti siti ed edifici storici che puoi esplorare con la tua famiglia. Alcune opzioni popolari includono il Castello di Edimburgo, il Castello di Stirling e il campo di battaglia di Culloden.

- Partecipa a un festival o a un evento: la Scozia è famosa per i suoi festival ed eventi, molti dei quali sono gratuiti. Alcune opzioni popolari includono l'Edinburgh Fringe Festival, il Royal Edinburgh Military Tattoo e il Glasgow International Comedy Festival.

- Partecipa a un viaggio di osservazione della fauna selvatica: la Scozia ospita una varietà di fauna selvatica, tra cui cervi rossi, lontre e aquile. Ci sono molti viaggi di osservazione della fauna selvatica che puoi fare con la tua famiglia, come una gita in barca per vedere i delfini o una visita guidata a una riserva naturale.

- Visita le attrazioni gratuite: ci sono molte attrazioni gratuite in Scozia, come lo Scottish Parliament Building, la Glasgow Necropolis e la Falkirk Wheel.

In sintesi, la Scozia ha molto da offrire alle famiglie in cerca di attività gratuite. Dall'esplorazione della natura, alla visita dei musei, ai festival e agli eventi, ce n'è per tutti i gusti.

## Trasporti, autobus e taxi

In Scozia, autobus e taxi per il trasporto svolgono un ruolo essenziale nel collegare persone e comunità.

**Autobus:**

Gli autobus sono un mezzo di trasporto popolare in Scozia, fornendo un modo economico ed efficiente per viaggiare sia all'interno delle città che tra diverse città e regioni. I principali operatori di autobus in Scozia sono Stagecoach, First Bus e National Express. Gli autobus di solito circolano su un percorso fisso e i passeggeri possono pagare in contanti o con carta contactless.

Negli ultimi anni, c'è stata una maggiore attenzione nel rendere i viaggi in autobus più sostenibili, con molti operatori che investono in autobus ibridi o elettrici. Inoltre, ci sono anche servizi di autobus locali che funzionano su richiesta, offrendo maggiore flessibilità ai passeggeri.

Gli autobus sono un mezzo di trasporto essenziale in Scozia, poiché collegano le persone in tutto il paese ai luoghi di lavoro, alle scuole e ad altre destinazioni. La rete di autobus in Scozia è ampia, con una gamma di operatori che offrono servizi in tutto il paese.

Uno degli operatori più importanti in Scozia è Stagecoach, che fornisce servizi in città come Aberdeen, Edimburgo, Glasgow e Inverness. Altri operatori includono First Bus e National Express, che offrono servizi interurbani tra diverse città.

Uno dei vantaggi dell'utilizzo degli autobus in Scozia è che spesso sono più convenienti rispetto ad altri mezzi di trasporto, come treni o taxi. Molti operatori di autobus offrono tariffe scontate per studenti, bambini e anziani, nonché abbonamenti scontati per i pendolari regolari.

Gli autobus in Scozia sono generalmente affidabili, con corse frequenti durante il giorno. Molti servizi offrono anche la connessione Wi-Fi gratuita, consentendo ai passeggeri di rimanere facilmente connessi durante il viaggio.

Un altro vantaggio dell'utilizzo degli autobus in Scozia è che forniscono una modalità di trasporto più rispettosa dell'ambiente rispetto alle auto private. Gli autobus producono meno emissioni per persona, rendendoli un'opzione più sostenibile per coloro che vogliono ridurre la propria impronta di carbonio.

### Metropolitana

È un sistema di metropolitana circolare che attraversa il cuore della città, collegando luoghi chiave come il centro città, il West End e il South Side.

La metropolitana di Glasgow è uno dei sistemi ferroviari sotterranei più antichi del mondo, essendo in funzione dal 1896. È anche uno dei più piccoli, con solo 15 stazioni e una lunghezza totale dei binari di 10,5 km. Nonostante le sue ridotte dimensioni, la metropolitana rimane una parte essenziale del sistema di trasporto pubblico di Glasgow, con oltre 12 milioni di passeggeri che la utilizzano ogni anno.

La metropolitana opera sette giorni su sette, con treni che passano ogni quattro minuti nelle ore di punta e ogni sei minuti negli altri orari. Il primo treno della giornata parte alle 6:30 e l'ultimo treno della giornata parte alle 23:30.

La metropolitana di Glasgow utilizza un sistema unico di treni a due carrozze, azionati manualmente da un conducente. I treni circolano in senso orario e antiorario, con i due percorsi che si intersecano in quattro stazioni. La metropolitana è completamente accessibile, con ascensori e scale mobili che consentono l'accesso a tutte le stazioni.

Uno dei principali vantaggi della metropolitana di Glasgow è la sua comodità, con tutte le stazioni situate a breve distanza a piedi dalle principali attrazioni, negozi e ristoranti. Offre anche un modo rapido ed efficiente per spostarsi nel centro della città, soprattutto nelle ore di punta, quando il traffico può essere intenso.

La metropolitana di Glasgow è una parte unica ed essenziale del sistema di trasporto pubblico di Glasgow. Con il suo percorso circolare, la comoda posizione e il servizio efficiente, offre un modo semplice ed economico per spostarsi nel centro della città.

**Cabine:**

I taxi in Scozia sono gestiti principalmente da società di noleggio private e sono regolati dai consigli locali. Per poter operare, i tassisti devono ottenere una licenza, che comporta il superamento di un test di conoscenza e abilità.

In Scozia ci sono due tipi di taxi: hackney cabs e taxi privati a noleggio. I taxi Hackney sono i tradizionali taxi neri, che possono essere fermati dalla strada o prelevati da una stazione di taxi designata.

Entrambi i tipi di taxi sono regolamentati dal consiglio e devono rispettare determinati standard, tra cui l'installazione di un tassametro e l'esposizione del numero di licenza del taxi in modo ben visibile.

Nel complesso, autobus e taxi per il trasporto sono parti essenziali della rete di trasporti scozzesi, fornendo opzioni convenienti e convenienti per spostarsi.

# Cosa mettere in valigia e stagioni diverse per viaggiare in Scozia

Viaggiare in Scozia può essere complicato a causa del tempo selvaggiamente imprevedibile. Può piovere, vento e sole, tutto nello stesso giorno!

È importante mettere in valigia i vestiti giusti per il viaggio. A seconda della stagione, ti consigliamo di portare giacche e scarpe diverse per ogni tipo di attività.

## Primavera

Mentre l'estate è generalmente considerata l'alta stagione turistica, la mezza stagione è anche un buon momento per viaggiare in Scozia. Godrai di un clima piacevole, meno folla e tariffe aeree più economiche.

Se stai pianificando un viaggio in Scozia durante la bassa stagione, assicurati di mettere in valigia vestiti leggeri e comodi che ti terranno al caldo senza appesantirti. Ciò include strati di pantaloni, magliette, camicie e gonne lunghe, oltre a giacche impermeabili, stivali e robuste scarpe da passeggio o da trekking che ti manterranno asciutto nel caso in cui il tempo sia umido.

È anche una buona idea portare un binocolo o un paio di telescopi, se stai cercando di fare un giro turistico su lunghe distanze e ammirare un bellissimo paesaggio. Potresti persino avvistare animali selvatici tra cui pulcinelle di mare, aquile e falchi pescatori.

La mezza stagione primaverile è un ottimo momento per viaggiare in Scozia poiché molte attrazioni saranno ancora aperte ma saranno meno affollate rispetto alla stagione estiva e ai festival. Risparmierai anche sugli alloggi e sul noleggio auto, quindi è un ottimo momento per pianificare una vacanza economica!

Per gli amanti della fauna selvatica, questo è il momento perfetto per vedere i falchi pescatori nel Cairngorms National Park e gli uccelli marini lungo la costa occidentale della Scozia. Inoltre, le vette più alte del paese saranno coperte di neve, rendendolo un momento piacevole per salire in cima.

Se viaggi in Scozia durante questa stagione, assicurati di portare con te un repellente per insetti. È particolarmente importante se hai intenzione di fare un'escursione nelle Highlands dove ci sono tonnellate di insetti e moscerini.

Ti consigliamo inoltre di avere una borsa fotografica impermeabile o un marsupio, un impermeabile e un ombrello. Dovresti anche portare un maglione di lana leggero, biancheria intima termica e cappello o guanti per proteggerti dal freddo.

Se hai intenzione di visitare la Scozia durante l'inverno, prendi in considerazione l'idea di mettere in valigia anche una sciarpa coperta. Questo può essere usato come coperta in aereo, treno o autobus ed è un ottimo modo per stare al caldo.

**Estate**

Un viaggio in Scozia può essere una grande avventura. Il suo scenario è mozzafiato e ci sono molte cose diverse da fare. Tuttavia, a volte il tempo può essere complicato e un po' frustrante, quindi assicurati di fare le valigie correttamente.

La cosa più importante da ricordare è che la Scozia ha un clima temperato, quindi dovrai essere preparato a temperature variabili durante tutto l'anno. Se hai intenzione di fare qualche attività all'aria aperta, dovresti portare anche un paio di scarpe da trekking perché in montagna può fare molto freddo.

Per una gita di un giorno a Edimburgo o Glasgow, consiglierei di mettere in valigia bei jeans, pantaloni chino o pantaloni e una bella camicia, insieme a buoni stivali/scarpe comodi che possono essere impermeabilizzati. Molto probabilmente camminerai su ciottoli o marciapiedi stretti, quindi assicurati che le tue calzature siano comode e facili da navigare.

In estate, dovresti anche mettere in valigia un cappello per il sole e occhiali da sole per proteggerti dai raggi UV. Dovresti anche mettere in valigia un paio di magliette leggere a maniche lunghe, insieme a un maglione di lana leggero o un maglione di cashmere da indossare sotto i vestiti.

Un'altra cosa importante da ricordare è che dovrai mettere in valigia un impermeabile e un ombrello impermeabile. Può essere molto ventoso ed è normale che piova durante l'estate, quindi assicurati di averne abbastanza per tenerti asciutto e protetto dalle intemperie!

Dovresti anche portare un cappello, guanti e una sciarpa traspirante per aiutarti a stare al caldo durante il giorno. Un cappello ti impedirà di scaldarti troppo mentre cammini e ti aiuterà anche a non surriscaldare il viso.

Consiglio vivamente anche di portare uno zainetto resistente all'acqua per trasportare i tuoi oggetti essenziali durante viaggi ed escursioni fuori città. La pioggia in Scozia può essere molto dura per i fragili dispositivi elettronici e altri oggetti sensibili, quindi uno zainetto ti aiuterà a tenere al sicuro i tuoi oggetti di valore.

**Autunno**

C'è qualcosa di così speciale in Scozia in autunno, e il fogliame autunnale in particolare è assolutamente da vedere quando visiti. Gli alberi si animano con colori vibranti di giallo, rosso e arancione, creando il sogno di un fotografo. Puoi anche trovare incredibili cascate al loro picco di flusso e le temperature più fresche possono scacciare i famigerati moscerini che tendono ad affliggere l'area in estate.

Quando viaggi in Scozia in autunno, assicurati di mettere in valigia indumenti termici, una giacca antivento e un cappotto impermeabile. Questi strati ti manterranno a tuo agio indipendentemente dal tempo.

Uno dei posti migliori da visitare in autunno è il Cairngorms National Park, dove gli abeti sempreverdi assumono colori vivaci con sfumature dorate e le montagne sono ricoperte da uno straordinario muschio. Questo parco ospita anche più di venti laghi, ognuno con una vista mozzafiato e la possibilità di godersi la natura in tutto il suo splendore.

Un altro ottimo posto dove andare in Scozia in autunno è Loch Lomond, dove i laghi si animano con i colori autunnali di rosso shocking, arancione e giallo. Anche le cascate di questo lago sono al loro meglio e puoi attraversare il sentiero sopra di loro per una splendida vista delle cascate.

Vedrai molti cervi in autunno, e questo è il momento di guardare le loro battaglie di carreggiata. Inoltre, i salmoni selvatici stanno risalendo i fiumi per deporre le uova e lungo la costa occidentale nascono cuccioli di foca grigia.

Se sei un amante della fauna selvatica, questo è il periodo dell'anno perfetto per avvistare pernici bianche, scoiattoli rossi e lepri di montagna. Se sei fortunato, potresti persino riuscire a individuare l'inafferrabile falco pellegrino.

Inoltre, l'autunno è un ottimo periodo dell'anno per esplorare rovine, castelli e musei. A differenza dell'estate, di solito c'è meno affollamento e puoi goderti tour più intimi. Potrai anche gustare più della cucina locale e sperimentare la cultura scozzese in modo rilassato.

**Inverno**

La Scozia è un paese che può fare un po' freddo in certe stagioni, quindi è importante fare le valigie in modo appropriato. Se hai intenzione di visitare in inverno, assicurati di mettere in valigia un maglione o un cappotto caldo, biancheria intima termica, calzini di lana e un paio di stivali impermeabili.

A seconda di dove ti trovi, potrebbe essere difficile trovare prese di corrente nella campagna scozzese, quindi porta un adattatore universale. Avere una presa con te è essenziale per ricaricare il telefono, la fotocamera e altri gadget.

Se stai andando a fare un'escursione, assicurati di portare con te un repellente per insetti, poiché non è raro che moscerini o altri insetti mordano i turisti durante le escursioni intorno a specchi d'acqua, come fiumi e laghi.

Il clima scozzese può essere un po' imprevedibile, soprattutto in autunno, quindi preparati a giorni di pioggia e notti fredde. Assicurati di mettere in valigia un cappotto leggero e un paio di stivali con una buona presa, un cappello e una sciarpa calda per tenerti asciutto.

È anche una buona idea portare un ombrello, anche se questo non è sempre necessario, e di solito puoi usare la tua giacca impermeabile. In ogni caso, preparati al peggio e prepara un piano B.

Per il periodo migliore dell'anno per viaggiare in Scozia, prova la mezza stagione (maggio, inizio giugno, settembre e inizio ottobre). Durante questi mesi, i prezzi sono più bassi rispetto all'estate, ma godrai comunque di un numero minore di persone, di una migliore disponibilità di camere e della maggior parte delle attrazioni turistiche. Se prevedi di viaggiare in inverno, tieni presente che alcuni musei, gallerie e castelli chiudono per la stagione. Tuttavia, alcuni sono aperti tutto l'anno e non c'è motivo per cui tu non possa goderti il tuo viaggio in Scozia anche nei mesi più bui!

Nonostante in Scozia piova o nevichi spesso, puoi comunque vedere uno scenario spettacolare. C'è molto da vedere nelle Highlands e nelle isole, quindi preparati a goderti alcune avventure all'aria aperta in inverno. Se stai viaggiando attraverso le Highlands scozzesi, dovrai avere le tue mappe di viaggio preprogrammate sul tuo smartphone prima di uscire di casa. Questo ti assicurerà di sapere esattamente dove stai andando, senza dover guardare un'app o preoccuparti di perderti.

**Fraseologia gergale scozzese**

La fraseologia gergale scozzese può variare notevolmente a seconda della regione e del dialetto. Ecco alcune parole e frasi gergali scozzesi che potrebbero essere utili per i viaggiatori in Scozia:

- Ciao - In Scozia, potresti sentire la gente usare la parola "hiya" o "ciao" invece di "ciao". È un modo amichevole e informale di salutare qualcuno.

- Buongiorno - Un comune saluto scozzese al mattino è "mornin'" o "guid mornin'".

- Dov'è questo posto? - Se ti sei perso o stai cercando di trovare un luogo particolare, potresti chiedere a qualcuno "cos'è questo posto?" o "whaur's (nome del luogo)?"

- Grazie - In Scozia, potresti sentire la gente dire "cin cin" invece di "grazie". È un modo casuale di esprimere gratitudine.

- Aye - Questa è una parola che significa "sì" in Scozia. Si pronuncia come "occhio" in inglese.

- Wee - "wee" è una parola che significa piccolo o piccolo. Potresti sentire qualcuno dire "un pochino più in là" se chiedi indicazioni.

- Ta - "Ta" è un altro termine gergale per "grazie" in Scozia. È una versione abbreviata di "grazie mille".

- Bonnie - Se vuoi fare un complimento a qualcuno o qualcosa in Scozia, puoi usare la parola "bonnie", che significa bello o carino.

- Ken - Come accennato in precedenza, "ken" è una parola che significa conoscere o capire. Se non capisci qualcosa, potresti dire "I dinnae ken".

- Slàinte mhath - Questo è un brindisi scozzese tradizionale che significa "buona salute". Potresti sentirlo usare durante un pasto o quando brindi con gli amici.

Imparare alcune parole e frasi dello slang scozzese può aiutarti a comprendere meglio la cultura locale e a comunicare con la gente del posto durante il tuo viaggio in Scozia.

# Capitolo 6. Suggerimenti sul cambio valuta

Se stai pianificando un viaggio in Scozia e hai bisogno di cambiare valuta, ci sono diversi suggerimenti che possono aiutarti a ottenere il massimo dal tuo scambio:

- Ricerca sui tassi di cambio: prima di cambiare valuta, cerca i tassi di cambio per avere un'idea di quanto puoi aspettarti di ricevere per i tuoi soldi. È importante tenere presente che i tassi di cambio possono variare di giorno in giorno, quindi assicurati di controllarli di nuovo prima di partire per il tuo viaggio.

- Evita di cambiare negli aeroporti o nelle zone turistiche: i tassi di cambio negli aeroporti o nelle zone turistiche sono spesso meno favorevoli, quindi è meglio evitare di cambiare denaro in questi luoghi se possibile. Invece, cerca banche o uffici di cambio valuta nella città che stai visitando.

- Usa le carte di credito per acquisti di grandi dimensioni: se devi effettuare un acquisto di grandi dimensioni, come una camera d'albergo o un'auto a noleggio, prendi in considerazione l'utilizzo della carta di credito anziché dei contanti. Molte carte di credito offrono tassi di cambio favorevoli e possono anche fornire vantaggi aggiuntivi come l'assicurazione di viaggio o premi cashback.

- Fai attenzione alle commissioni: quando cambi valuta, tieni presente le eventuali commissioni che potrebbero essere addebitate. Alcuni uffici di cambio valuta o banche possono addebitare una commissione o una commissione di transazione per il cambio di denaro. Potrebbe anche esserti addebitata una commissione se prelevi contanti da un bancomat utilizzando una carta di debito straniera.

- Prendi in considerazione l'utilizzo di una carta di viaggio: una carta di viaggio è una carta prepagata che puoi caricare con valuta estera prima del viaggio. Queste carte offrono spesso tassi di cambio competitivi e possono anche fornire vantaggi aggiuntivi come l'assicurazione di viaggio o la protezione dalle frodi.

- Pianifica in anticipo: è una buona idea pianificare in anticipo e cambiare la tua valuta prima di arrivare in Scozia. Questo ti darà il tempo di cercare i tassi di cambio e trovare l'opzione migliore per scambiare i tuoi soldi. Ti assicurerà inoltre di avere la valuta locale di cui hai bisogno per il tuo viaggio.

- Porta un mix di contanti e carte: sebbene le carte di credito siano ampiamente accettate in Scozia, è sempre una buona idea avere dei contanti a portata di mano per acquisti minori o per luoghi che potrebbero non accettare carte. È anche importante notare che alcune piccole imprese possono accettare solo contanti, quindi avere un mix di contanti e carte può essere utile.

- Sii cauto con i bancomat: quando utilizzi un bancomat per prelevare contanti, fai attenzione a potenziali truffe o dispositivi di scrematura. Cerca di utilizzare gli sportelli bancomat che si trovano in aree pubbliche e ben illuminate e copri sempre la tastiera quando inserisci il PIN.

- Prendi in considerazione il cambio di valuta in anticipo: se sei preoccupato per le fluttuazioni dei tassi di cambio o se non riesci a trovare un ufficio di cambio valuta in Scozia, considera di cambiare valuta in anticipo. Spesso puoi farlo presso la tua banca locale o presso un ufficio di cambio valuta nel tuo paese d'origine.

- Non scambiare più del necessario: è meglio scambiare solo la quantità di denaro necessaria per il tuo viaggio, poiché potresti finire per perdere denaro se cambi più del necessario e poi dovrai restituirlo a un tasso meno favorevole. Assicurati di tenere conto anche di eventuali commissioni o commissioni aggiuntive che potrebbero essere addebitate durante il cambio di valuta.

Seguendo questi suggerimenti, puoi assicurarti di ottenere il massimo dal tuo cambio valuta in Scozia e avere la valuta locale di cui hai bisogno per il tuo viaggio.

Printed by Amazon Italia Logistica S.r.l.
Torrazza Piemonte (TO), Italy